KAUFBEUREN

KAUFBEUREN

Die schöne alte Stadt im Allgäu

Herausgegeben von
Stefan Fischer

mit Beiträgen von
Karl Pörnbacher
und
Jürgen Kraus

Bilder von
Dieter Schmidt

Mit Bildtexten in englischer, französischer,
italienischer und ungarischer Sprache im Anhang

Verlag Tobias Dannheimer Kempten

Der Verlag und die Autoren danken der Stadt Kaufbeuren
für die großzügige Unterstützung und die sachkundige Hilfe
bei der Entstehung des Werkes.
Den Übersetzern der Bildtexte Ingrid Eiselt, Gertrud Eldracher,
Brigitte Fischer und Birgit Müller Dank für die sorgfältige Arbeit.

Die Deutsche Bibliothek – CIP-Einheitsaufnahme

Kaufbeuren : die schöne alte Stadt im Allgäu / hrsg. von Stefan
Fischer. Mit Beitr. von Karl Pörnbacher und Jürgen Kraus.
Bilder von Dieter Schmidt. – Kempten : Dannheimer, 1994
ISBN 3 – 88881 – 018 – 3
NE: Fischer, Stefan [Hrsg.]; Pörnbacher, Karl; Schmidt, Dieter

ISBN 3 – 88881 – 018 – 3

Farbrepros: Offset Repro H. + W. Schwangart, Kaufbeuren
Druck und Herstellung: Allgäuer Zeitungsverlag GmbH, Kempten
Hergestellt auf chlorfrei gebleichtem Papier

Das Zollhäuschen ist der Überrest des ehemaligen Kemptnertores

Vorwort

Vorworte fristen ähnlich wie Grußworte (nach den Ausführungen von Herbert Rosendorfer habe ich mich für die Pluralform entschieden) ein im Buch eher ungeliebtes Dasein. Als noch jugendlicher Leser habe ich die Vorworte bloß überblättert, für den Gehalt des Buches, so dachte ich, müßte der Text allein ausreichen. In der Zwischenzeit habe ich gelernt, daß Vorworte oft ein Schlüssel zu einem Buch sein können.

In diesem Buch kommt dem Vorwort aber nicht so sehr eine Schlüssel-, sondern eher eine Klammerfunktion zu. Das zentrale Thema „Kaufbeuren“ löst sich wie fast jede richtige Stadt in viele Einzelheiten und Einzelbilder auf, wenn man sich ihr mit einem gewissen Ganzheitsanspruch nähert. Die Bilder der Stadt zeigen in diesem Buch die Einzelheiten des gegenwärtigen Kaufbeurens. Der Betrachter kann nun aus diesen Bildern sein eigenes Kaufbeuren zusammenfügen, er kann sich aber auch an den Einzelheiten erfreuen und prüfen, ob sie in sein Bild von Kaufbeuren hineinpassen. Da jedes Bild aber auch eine eigene Geschichte hat, wird in zwei Textbeiträgen auf Geschichte und Kulturgeschichte eingegangen. Sie sollen dem Leser die Informationen geben, die für ein erweitertes Verständnis notwendig sind. Der dritte Beitrag handelt von Kaufbeuren als lebenswerte und liebenswerte Stadt. Der Autor hat sich in einer lebendigen, sehr persönlichen und sehr auf die Menschen dieser Stadt eingehenden Art und Weise damit beschäftigt. Dabei ist ein Beitrag entstanden, der eine Liebeserklärung an die Stadt Kaufbeuren darstellt. Aber es ist auch möglich, daß man das nicht sofort so erkennt.

Dem Oberbürgermeister und dem Stadtrat Kaufbeurens sei an dieser Stelle für ihr wohlwollendes und großzügiges Engagement gedankt, die damit das Entstehen dieses Buches ermöglicht haben.

Bei meinen Mitautoren und dem Photographen bedanke ich mich für die fruchtbare und reibungslose Zusammenarbeit, die uns allen Beteiligten Kaufbeuren sehr nahegebracht hat. Unser Wunsch nun ist es, daß dies beim Leser ebenso geschieht.

Kaufbeuren, im Mai 1994
Stefan Fischer

Der Fünfknopfturm – das Wahrzeichen Kaufbeurens

Am Tänzelfestbrunnen ist die sagenhafte Gründerin der Stadt, Anna vom Hof, dargestellt

Kaufbeuren – Geschichte einer Stadt

Die Geschichte einer Stadt wie Kaufbeuren, die in ihren historischen Wurzeln in die Zeit der frühen karolingischen Expansion im 8. Jahrhundert zurückreicht, insgesamt darzustellen, ist ein Unternehmen, das nur bedingt gelingen kann.
Das erzählende Wort, das wohl jeder historischen Darstellung zugrunde liegt, trägt nicht nur die Prägung seiner Zeit und seines Autors, es vermag vor allem die Komplexität der vergangenen Ereignisse nur unzureichend wiedererstehen lassen. Und ändert sich auch nur ein wenig der Gesichtswinkel, so wird es notwendig, das Vergangene wieder neu zu beschreiben, um den geänderten Fragestellungen gerecht zu werden. Jedes geschichtsschreiberische Werk hat eine eher der Gegenwart zuneigende Bedeutung, so daß mehrbändige, alles ausgeforscht habende Arbeiten irgendwann einmal selbst der Vergangenheit angehören und als veraltet gelten.
Stadtgeschichte spielt sich aber nicht ausschließlich innerhalb der Stadtmauern ab. Die Geschehnisse sind immer mit den Ereignissen außerhalb dieser Mauern verbunden und müssen in die Darstellung mit aufgenommen werden. Diese Wechselbeziehungen verändern sich ständig, und es gilt, sie im Sinne moderner Stadtgeschichtsschreibung zugänglich zu machen. Der folgende Gang durch die Geschichte der Stadt soll helfen, die Bilder der Stadt bewußter zu sehen. Es wurde daher auf die Angabe des sogenannten wissenschaftlichen Apparates verzichtet, auch wenn er dem Text zugrunde liegt.

Von den Anfängen bis zum Untergang der staufischen Stadtherren

Der große Chronist, Geschichtsschreiber und Archivar der Stadt Kaufbeuren, Wolfgang Ludwig Hörmann von und zu Gutenberg, vermerkt in seiner dreibändigen „Chronica Kaufbeuren" ganz lapidar: „Zu welcher Zeit der Orth zu erbauen angefangen worden? kann wegen Mangel der hierzu erforderlichen Nachrichten nicht eigentlich gemeldet werden ..." Aber auch wenn Hörmann diesen Satz 1766 niedergeschrieben hat, so spürt man noch heute das Unbehagen des Historikers, sich mit leeren Seiten abfinden zu müssen, und er berichtet von den zwei Sagen, die von der Gründung Kaufbeurens erzählen. So hätten vor Zeiten zwei Burgen in Schwaben bestanden, Alt- und Neubeuren genannt. Altbeuren sei in das Kloster Blaubeuren umgewandelt worden, die andere Burg hätte dem Herzog Friedrich aus dem Geschlechte von Buren und seinem Sohn so lange als Stammburg gedient, bis deren neues Schloß Staufen, nach dem sich die Linie dann Hohenstaufen benannte, erbaut war.
Verzichtet diese Sage noch auf die Angabe von Jahreszahlen, so wird die andere ganz konkret: Im Jahre 842 sei aus dem Gefolge Kaiser Lothars I. der Edelherr Guido Glado a Villa oder von Hof in die Gegend von Kaufbeuren gekommen, habe den schon erbauten Flecken Beuren oder Büren gekauft, ihn mit einer Ringmauer umgeben und in den Status der Stadt erhoben. An die 200 Jahre soll nun die Familie die Stadt innegehabt haben, und am Ende dieses Geschlechtes stand Anna vom (!) Hof mit ihren drei Brüdern, die an der Stelle des Maierhofes in Kaufbeuren das noch heute bestehende Frauenkloster gegründet hätte. Schließlich hätte sie zusammen mit dem letzten überlebenden Bruder die gesamten stadtherrlichen Gerechtigkeiten an die Stadt Kaufbeuren selbst für 50000 Gulden verkauft. Kaiser Konrad II. hätte dann den Status Kaufbeurens als Reichsstadt bestätigt.

Wie so oft enthalten die beiden Sagen mehrere historische Wahrheiten, und ein kurzer Blick auf die Siedlungsgeschichte des ostschwäbischen Raums im frühen Mittelalter zeigt, wo wir die Grenze zwischen Dichtung und Wahrheit in etwa zu ziehen haben. Man geht heute ganz allgemein davon aus, daß erst gegen 400 v. Chr. im Zusammenhang mit den Keltenzügen auf Rom die dünne Besiedlung umherstreifender steinzeitlicher Horden durch Keltenstämme ersetzt wurde, die die Römer „Vindeliker“ nannten. Im Jahre 15 v. Chr. geriet dann der Raum unter römische Herrschaft, unter der er sich bis ins dritte Jahrhundert nach Christus einer friedlichen und ständigen Entwicklung erfreute.

Ab der Wende ins dritte Jahrhundert wurde der Großstamm der Alamannen nach seiner Abwanderung von seinen früheren norddeutschen Siedlungsgebieten vom römischen Limes aufgehalten. Wiewohl die römische Herrschaft nur schrittweise zunächst vor den Streifzügen der Germanen zurückwich, fand sie um 400 n. Chr. ein rasches Ende. Um der Bedrohung Italiens durch die Vandalen und Westgoten begegnen zu können, wurden unter Stilicho die römischen Truppenverbände nördlich der Alpen zurückgezogen. Gleichzeitig siedelte man die römischen Bewohner in Italien an.

Von diesem Zeitpunkt an können wir eine planmäßige Besiedelung des ostschwäbischen Raumes durch die Alamannen annehmen, die trotz der Streifzüge unter König Gibuld bis nach Lorch an der Enns und nach Passau ihre Grenze am Lech fand. Von Nordwesten aus drangen die alamannischen Siedler durch die Urwälder nach Südosten und nach Süden langsam vor. Gegen Ende des 5. Jahrhunderts ließen sie sich dann in den waldfreien Zonen des Wertach- und Lechtales nieder. Die Ergebnisse der Archäologen berichten uns von einer nach Süden hin abnehmenden Siedlungsdichte, was mit der schwindenden Güte der Böden als auch der zunehmenden Walddichte erklärt wird. Für das obere Wertachtal können wir Pforzen als Siedlungsschwerpunkt ansehen. Auch südlich von Kaufbeuren und von Marktoberdorf weisen Funde auf einen alamannischen Siedlungsschwerpunkt hin.

In den folgenden Jahrzehnten verfestigte sich die alamannische Besiedlung zu einem eigenstaatlichen Gebilde, dem Herzogtum Schwaben. Hier wurde bereits im frühen 7. Jahrhundert das alamannische Volksrecht in den „leges alamannorum“ aufgezeichnet. Da zu dieser Zeit die fränkische Königsmacht durch die inneren Kämpfe der Merowinger geschwächt war, erfreute sich das Herzogtum Schwaben einer weitgehenden Eigenständigkeit. Als aber unter Karl Martell die karolingischen Hausmeier die Macht des fränkischen Königreiches wieder zusammenfaßten, wuchs auch dessen expansiver Druck auf die östlich gelegenen Herzogtümer Schwaben und Bayern. 743 kam es dann am Lech, vermutlich in der Nähe von Epfach, zur Waffenentscheidung zwischen den verbündeten Bayern und Schwaben auf der einen und den Franken auf der anderen Seite. Der fränkische Sieg brachte für Schwaben den Verlust seiner Eigenständigkeit, an dem auch der Aufstand des alamannischen Herzogs Theubalt zwei Jahre später nichts änderte und der im blutigen Strafgericht von Cannstatt endete. Das Herzogtum Schwaben war nunmehr ein Teil des fränkischen Königreiches.

Das Herzogtum Bayern behielt noch weitgehend seine Souveränität, aber der Lech war damit zur Militärgrenze zwischen Bayern und dem Frankenreich geworden. Die Karolinger setzten nun alles daran, die Grenze und deren westliches Hinterland für die kommende Auseinandersetzung mit dem Herzogtum Bayern auszubauen. Für dieses Vorhaben bedienten sich die fränkischen Herrscher im ostschwäbischen Raum zweier Hilfsmittel: Zum einen förderten sie die Christianisierung des Gebiets, was sich in den Klostergründungen Kempten, Füssen und Ottobeuren ausdrückt sowie in der Stärkung Augsburgs als Bistumszentrum. Zum anderen installierten sie ganz planmäßig in den an den fränkischen Adel vergebenen ehemaligen alamannischen Besitzungen Königshöfe. Diese Königshöfe waren meist Mittelpunkt von ausgedehnten Gebieten, die der Krone direkt unterstanden und von denen aus planvoll Kolonisation und innerer Landesausbau gelenkt und gestaltet wurden. Aufgrund der Forschungen von Christian Frank können wir es heute als historische Tatsache annehmen, daß um 740 in etwa an der Stelle des heutigen

Durch die Schmiedgasse verlief früher die alte Reichsstraße, heute ist sie die Fußgängerzone der Altstadt

„Zeit ist Leben und Leben ist Zeit" (Deutsches Sprichwort)

Frauenklosters der Franziskanerinnen in Kaufbeuren ein fränkischer Königshof gegründet worden ist. Er wurde rasch zum Zentrum eines ausgedehnten Reichsgutsbezirks, der nicht nur den Wertachübergang in fränkischer Hand zu gewährleisten hatte, sondern dem auch im Falle eines militärischen Konfliktes mit dem Herzogtum Bayern eine gewisse rückwärtige Auffang- und Widerstandsfunktion zukam. Rufen wir uns an dieser Stelle nochmals kurz die zweite Gründungsaussage Kaufbeurens ins Gedächtnis zurück: Im Gefolge des fränkischen Herrschers kommt ein adeliger Herr aus dem Westen (Frankreich) in die Gegend von Kaufbeuren und baut die schon bestehende präurbane Siedlung zur Stadt aus.
In die Regierungszeit Karls des Großen fällt auch die Christianisierung des ostschwäbischen Gebiets. Die Grenzen der Bistümer Augsburg, Konstanz und Eichstätt legten noch die Hausmeier fest, in Füssen führte das Wirken des hl. Magnus zur Klostergründung. Im Kemptener Gebiet setzten Mönche aus St. Gallen die Missionsarbeit ihres Vorgängers Theodor fort und erweiterten dessen ursprüngliche Zelle schließlich zur Abtei. Etwas später wurde dann auch die Reichsabtei Ottobeuren gegründet. Das fränkische Martinspatrozinium im ostschwäbischen Raum, besonders aber in der Gegend um Kaufbeuren, weist auf die von den Franken betriebene Christianisierung hin. Und noch einen Hinweis haben wir, der eine fränkische Siedlungszelle als Ausgangspunkt für die Stadt Kaufbeuren wahrscheinlich macht: Der Name Kaufbeuren selbst.
Im Kaufbeurer Heimatlied wird in der ersten Strophe die Stadt besungen:

„Buron am Wertachstrand,
Perle im Schwabenland,
Dir gilt mein Gruß!“

Der Name „Buron“ weist in seiner sprachgeschichtlichen Bedeutung weit in die fränkische Zeit zurück. Mit dem Wort „bûr“ benennt man in seiner althochdeutschen Form jegliche Art von Wohn- und Wirtschaftsgebäude, die über das Maß der damals üblichen Bauernhütten hinausragten, später verstand man darunter auch einen Herrensitz. Noch 1240 nannte Konrad IV. in der ältesten erhaltenen Königsurkunde in deutscher Sprache Kaufbeuren ganz stolz „unsere stat zu Bueron“. Erst ab dem 14. Jahrhundert tritt uns mit dem Unterscheidungsvorspann „Kauf“ der Stadtname in seiner ganzen heutigen Gestalt entgegen, nachdem die Stadt zum Zentrum für Handel und Wandel, Kauf und Verkauf für die Umgebung aufgeblüht war. Als Marginalie sei nebenher nur noch bemerkt, daß der Dichter des Buron-Liedes Dr. Georg Volkhardt war, der von 1917–1933 und von 1945–1948 als Oberbürgermeister die Geschicke der Stadt Kaufbeuren leitete und als gebürtiger Nürnberger aus Franken stammte.
Nach der Unterwerfung des Herzogtums Bayern durch die Karolinger – Herzog Tassilo III. hatte auf dem fränkischen Hoftag zu Ingelheim 788 auf alle seine Herzogsrechte und auf die Souveränität Bayerns verzichten müssen – fiel die Sicherung der Lechgrenze weg, und die Siedlung erfreute sich in den folgenden Jahrzehnten einer friedlichen Weiterentwicklung. Der Kaufbeurer Königshof gehörte in das Netz der fränkischen Verwaltungsorganisation, die in diesen und den darübergeordneten Königspfalzen gesicherte Herrschaftsschwerpunkte besaß und auch den im Reich umherziehenden Königen oder deren Beauftragten Rastorte bot.
Aus den folgenden Jahrhunderten ist über Kaufbeuren und dessen Weiterentwicklung nichts bekannt. Jene Jahre, in denen aus dem Reich Karls des Großen das deutsche und das französische Königreich sich heranbildeten, verliefen für den ostschwäbischen Raum ruhig. Das änderte sich zu Beginn des 10. Jahrhunderts, als die Ungarn immer wieder mit Feuer und Schwert von Ost nach West über die schwäbischen Länder hinwegzogen. Die geplagte Bevölkerung floh zunächst zu ihrem Schutz in die immer noch sehr dichten und zahlreichen Wälder, begann dann aber Fliehburgen für Mensch und Vieh anzulegen. Bei Stöttwang in der Nähe Kaufbeurens hat sich bis heute eine solche Zufluchtsstätte, genannt „auf der Kan-

zel“, in ihren Überresten erhalten. Unter dem Eindruck der ständigen ungarischen Raubzüge wird die deutsche Königswürde an Herzog Heinrich von Sachsen übertragen, der die Ungarngefahr zunächst einmal für Norddeutschland (933 Schlacht an der Unstrut) beseitigt, dessen Sohn und Nachfolger Otto I. als deutscher König 955 auf dem Lechfeld den Ungarneinfällen endgültig ein Ende bereitet.
Wir wissen nicht, ob die kleine Siedlung Buron an der Wertach damals von den Ungarn bedroht oder gar gebrandschatzt wurde, darüber schweigen sich die Quellen aus. Aber in jenem 10. Jahrhundert trat langsam das Geschlecht der Welfen ans Licht der Geschichte, und ihre Rolle beim Aufstieg des „offizium Buron“ zur Stadt Buron darf nicht unterschätzt werden. Unter Kaiser Konrad II. (1024–1039) wandelte sich das Kronland zu einem erblichen Lehen. Am Ende des 11. Jahrhunderts wird Kaufbeuren zum erstenmal namentlich erwähnt. Es war damals Sitz eines edelfreien Geschlechtes, das sich „von Beuren“ nannte und zumindest von 1116 bis 1167 in drei Generationen nachweisbar ist, dessen erste Nennung aber schon 1088 erfolgt sein dürfte. Wolftrigel von Beuren, der älteste namentlich bekannte dieses Geschlechtes, und seine Frau Adelinda waren recht großzügig gegenüber Klöstern und Kirchen, woraus sich die frühen schriftlichen Zeugnisse erklären. Als Lehensleute der Welfen leisteten Heinrich der Ältere und Heinrich der Jüngere, Sohn und Enkel des Wolftrigel, Heeres- und Verwaltungsdienste in Italien. So war Heinrich d. Ä. als Graf für die Reichsburg Garda verantwortlich, die die Straße am Ostufer des Gardasees beherrschte. Für die damalige Zeit war dies eine strategisch wie taktisch hochsensible Stelle in der Verbindung zwischen den Alpenpässen Brenner und Reschen und der lombardischen Ebene mit ihren vielen reichen Städten. Man kann daran erkennen, welches Ansehen und Vertrauen Heinrich d. Ä. von (Kauf-) Beuren beim damaligen Kaiser Lothar II. und dessen Schwiegersohn, dem Bayernherzog Heinrich dem Stolzen, genoß. Als dann Heinrich der Jüngere 1167 im Heeresdienst vor Rom an der Malaria starb, versuchte seine Schwester das predium Buron dem Kloster Ottobeuren zuzuwenden, was aber durch das Eingreifen von Herzog Welf VI. verhindert wurde. Zu diesem Vorgang muß angemerkt werden, daß Luitgard zu einer solchen Handlung die Rechtsgrundlage fehlte, vor allem, wenn man davon ausgeht, daß das predium Buron durch seine Königshofherkunft ein Reichslehen ist. Ein Reichslehen aber konnte zu dieser Zeit nicht von einer Frau geerbt werden, es sei denn, es handelte sich um ein Lehen, von dem kein Reichsdienst geleistet werden mußte, was in diesem Fall durch die Teilnahme Heinrichs d. J. an der Heerfolge widerlegt sein dürfte. Man wird in diesem Zusammenhang auch die Bemühungen sehen müssen, die das Kloster Ottobeuren unternahm, um von Kaiser Friedrich I. Barbarossa eine vollständige Befreiung von allen Reichsdiensten zu erlangen, was ihm auch 1171 nach Vorlage einer gefälschten Urkunde aus der Zeit Kaiser Ottos I. glückte. Im Falle Kaufbeurens aber sprachen neben dem Reichslehensrecht auch noch ganz handfeste territorialpolitische Überlegungen gegen eine Überlassung an das Kloster Ottobeuren. Denn die Quellen schweigen über die Existenz eines männlichen Lehensträgers (provasallus), der Luitgard das Erbe des Lehens ermöglicht hätte. Nun hatte aber die von Luitgard vorgenommene Schenkung doch noch so viel Rechtskraft, daß das Kloster Herzog Welf VI. das predium Buron zu Lehen gab. Es mußte allerdings dem Welfen die Anerkennung seiner Rechte an der Schenkung mit 60 Pfund Augsburger Münze abkaufen, und wir können sicher sein, daß die Belehung des Welfenherzogs mit Kaufbeuren und die kaiserliche Anerkennung der Ottobeurer Freiheiten durchaus in Zusammenhang stehen. Ein anderer Gesichtspunkt bei dem predium Buron an die Welfen darf nicht übersehen werden: Friedrich I. Barbarossa erwarb 1168 die Herrschaft Schwabegg für das staufische Haus, und er hat sich höchstwahrscheinlich seine Gedanken gemacht, wer in den Besitz des an Schwabegg angrenzenden predium Buron kam. In den meisten Geschichtsbüchern ist nun immer von staufisch-welfischem Gegensatz die Rede, und der Konflikt zwischen diesen beiden Dynastengeschlechtern soll auch gar nicht wegdiskutiert werden. Tatsache ist jedoch, daß Friedrich I. Barbarossa stets in gutem Einvernehmen mit Herzog Welf VI. lebte, den er ja nach seiner Thronbesteigung mit der Markgrafschaft Tuscien, dem Herzogtum Spoleto,

In der Ludwigstraße

Für die Altstadt Kaufbeuren ist das Fahrrad ein probates Verkehrsmittel

dem Fürstentum Sardinien und den Mathildischen Gütern belehnte. Als im Jahr 1167 der einzige Sohn Welfs VI. in Italien ums Leben kam, zog sich sein Vater immer mehr aus dem politischen Leben zurück. Reich begütert im ostschwäbisch-bayerischen Raum, hatte er nur noch eines im Sinn, nämlich „... ein glänzendes Leben zu führen, dem Waidwerk zu obliegen, Tafelfreuden und anderen Lüsten zu frönen und durch Festlichkeiten und wahllose Vergabungen sich den Ruf der Freigebigkeit zu erwerben" (Historia Welforum). Die Bereitwilligkeit, mit der der Kaiser dieses Streben unterstützte, sicherte dem Staufer im schwäbischen Raum nicht nur eine verläßliche Stütze, sondern trug dann 1176 ihre Früchte, als in Chiavenna, ungeachtet des Bruchs zwischen Heinrich dem Löwen und Friedrich I. Barbarossa, Welf VI. auf der Seite des Staufers stand und diesem sein gesamtes Erbe in Schwaben und Tirol übereignete. Zwar gab der Kaiser dem Welfen fast das ganze Gebiet wieder als Lehen zurück, aber der territoriale Besitz für die Staufer war gesichert und die Voraussetzungen für ein geschlossenes staufisches Gebiet in Schwaben geschaffen.

Am 15. Dezember 1191 starb dann in Memmingen Herzog Welf VI. im 76. Lebensjahr. Kaiser Heinrich VI., der 1190 die Nachfolge Friedrichs I. Barbarossa angetreten hatte, wurde durch die Todesnachricht veranlaßt, seine Reiseroute von Chiavenna nach Hagenau im Elsaß zu ändern. Als der Leichnam des Welfen gemäß seinem letzten Willen auf dem Weg von Memmingen nach Steingaden war, holte der Kaiser in Kaufbeuren den Leichenzug ein und erwies dem Toten noch für eine kurze Strecke die Ehre des letzten Geleits. Es ist uns aber überliefert, daß Heinrich VI. nicht immer solchen Gefühlsregungen nachgab. Aber das Auftreten des Kaisers vor den versammelten Dienstmannen des Welfen unterstrich die staufischen Ansprüche.

Noch bestanden aber die alten Ansprüche Ottobeurens, und sie wurden von Abt Konrad auch nachdrücklich vertreten. Zwar behandelte der Kaiser das ihm zugefallene Lehen als Reichslehen, das er ohne weiteres einzog, aber immerhin konnte sich Ottobeuren darauf berufen, daß Welf VI. das Recht des Klosters an der Schenkung Luitgards bestätigt hatte, wenn auch gegen Bargeld. Abt Konrad wurde am kaiserlichen Hoflager in Nürnberg und Worms vorstellig und konnte den Kaiser dazu bewegen, seinen Bruder, Herzog Konrad von Schwaben, mit der Untersuchung der Angelegenheit und der möglichen Entschädigung des Abtes zu beauftragen. Aber Herzog Konrad starb vor der Erledigung dieser Angelegenheit, die nun von seinem Bruder Philipp in irgendeiner Art entschieden werden mußte. Abt Konrad wollte nichts dem Zufall überlassen und reiste dem Kaiser im Winter 1196/97 bis nach Apulien nach, wo er am kaiserlichen Hoflager auch ein Empfehlungsschreiben erhielt. Doch Herzog Philipp von Schwaben beschied gegen das Kloster, „aber trotz solcher Bemühung und trotz der sehr bedeutenden Ausgaben erzielte er (Abt Konrad) wegen der Ungerechtigkeit und Habsucht der Fürsten keinen Erfolg", berichtet uns lamentierend die Ottobeurer Chronik. Kaufbeuren aber blieb eine staufische Stadt.

Unter seinen letzten Stadtherren formte sich aus der ehemals präurbanen Siedlung um einen fränkischen Königshof nun eine Stadt. Der staufische Stadtgründungswille hat zu Beginn des 13. Jahrhunderts der Stadt ihr Gesicht gegeben, denn in der schon erwähnten Königsurkunde von 1240 wird Kaufbeuren bereits als Stadt bezeichnet. Es ist mehr als wahrscheinlich, daß die Staufer die Stadt planmäßig vom alten Königshof nach Süden um den typischen langgestreckten staufischen Straßenmarkt, die heutige Kaiser-Max-Straße, und um eine nochmals vorgelagerte parallel verlaufende Gasse, die heutige Ludwigstraße, erweitert haben. Damit umschloß die Stadtsiedlung den Bereich der heutigen Ledergasse und des Baumgartens; nach Norden und Osten hin rundete die staufische Einfriedung – man kann eine Stadtmauer annehmen – die Stadt ab.

Es ist keine persönliche Anschauung, wenn man beim aufmerksamen Lesen der Königsurkunde von 1240 den Stolz herausliest, den die Staufer mit ihrer „stat zu Bueron" hatten. Und hatten sie nicht allen Grund zu dieser Einstellung? Die Stadt blühte auf, 1237 verkauften Kaufbeurer Händler in Bozen Tuche aus

Nordwesteuropa und kauften italienische Erzeugnisse. Der erste namentlich bekannte Kaufbeurer Bürger, Albert Sleher, war ein solcher Handelsherr, und sein erworbenes Vermögen benutzte er dazu, das noch heute bestehende Heilig-Geist-Spital zu gründen. Aber davon wird später noch ausführlicher die Rede sein.
Der späte Glanz der höfisch-staufischen Welt des hohen Mittelalters lag über Kaufbeuren und über der benachbarten Burg Kemnat, als Konradin von Schwaben sich im Sommer 1264 auf Burg Kemnat und in der Stadt Kaufbeuren aufhielt. Kaufbeuren gehörte damals Konradins Mutter, Elisabeth von Bayern, die die Stadt erst 1266 ihrem Sohn überließ. Im August 1267 ritt der junge staufische Stadtherr dann nach Hohenschwangau, um von seiner Mutter Abschied zu nehmen. Er war auf dem Weg nach Italien, um sich die Herrschaft seiner Vorfahren zu erkämpfen. Konradin unterlag, und sein Ende auf dem Hochgericht in Neapel am 29. Oktober 1268 besiegelte den Untergang und das Erlöschen des staufischen Hauses. Die Stadt Kaufbeuren hatte damit ihren Stadt- und Schirmherrn verloren, und da die Stadt von Konradin nicht einer Eventualverpfändung unterworfen worden war, fiel sie mit den übrigen staufischen Gütern ans Reich. Im Reich aber war die Kaisergewalt seit dem Tode Friedrichs II. so gut wie erloschen, es herrschte das Interregnum, die schreckliche, die kaiserlose Zeit.

Der Glanz des Bürgertums und der Ausbau der freien Reichsstadt bis zur Reformation

Der Ausbau der Stadt durch die Staufer beschränkte sich nicht nur auf die rein räumliche Erweiterung, sondern umfaßte auch die Rechtsstellung der Stadt gegenüber dem König sowie deren innere Verwaltung.
Im Gegensatz zu manch anderen Städten fehlt in Kaufbeuren das ausdrückliche Privileg, das die Stadt als freie Reichsstadt bestätigt. Dies ist aber auch nicht unbedingt notwendig, denn nach dem Aussterben der Edelherren von Beuren wurden Stadt und Territorium von Kaufbeuren durch die Eigenschaft als Lehen Welfs VI. aus der Jurisdiktion der Gaugrafen des Augstgaus – es waren dies die Grafen von Ronsberg – herausgenommen. Die Gerichtsgewalt der Gaugrafen nahmen nun die Stadtherren, zunächst die Welfen, dann die Staufer, wahr. Diese Gerichtsgewalt umfaßte die hohe und niedere Gerichtsgewalt, und letztere wurde in staufischer Zeit von einem eigenen Beamten wahrgenommen, dem Minister oder officiatus des Stadtherren, der in dessen Auftrag das officium Buron verwaltete. Solch ein Stadtammann ist für Kaufbeuren aus dem Jahr 1224 bezeugt. In der Königsurkunde von 1240 wird von „den burgaeren unde der stat“ geredet, und der staufische Ammann erscheint nur als Zeuge des Schiedsspruches. Die Gemeinde Kaufbeuren hatte in der Verwaltung ihrer Angelegenheiten also durchaus eine gewisse Selbständigkeit erlangt. Durch den Heimfall der staufischen Lehen an das Reich bekam der officiatus der Staufer die Stellung eines officiatus des Reiches; an seinen Befugnissen änderte sich zunächst nichts. Kaufbeuren war damit eine Stadt des Reiches, eine Reichsstadt, geworden.
War mit dem Tode Konradins das alte Herzogtum Schwaben untergegangen, so nutzte Herzog Ludwig II. von Bayern die Umstände und begann nach und nach das sogenannte „Konradinische Erbe“ an sich zu bringen. Konradin hatte, um sein Unternehmen in Italien finanzieren zu können, fast das letzte, was er in Deutschland noch besaß, an seinen Onkel Ludwig II. von Bayern verpfändet und verschenkt. Nach dem Tod des deutschen Königs Richard von Cornwall 1272 einigten sich die Kurfürsten unter der Vermittlung Werner von Eppsteins, dem Kurfürsten von Mainz, und Ludwig II. von Bayern auf Rudolf von Habsburg und führten am 1. Oktober 1273 bei Frankfurt die Wahl durch. Herzog Ludwig II. suchte die Nähe des neuen Königs und ließ sich von ihm nicht nur dessen Tochter Mathilde zur Frau geben, sondern auch die Burgen und Städte Nürnberg, Ravensburg, Altdorf, Memmingen und Kaufbeuren für seine Wahlhilfe

In der Pfarrgasse

Das neue Pfarrzentrum liegt am Baumgarten

verpfänden. Der bayerische Herzog war in seinem Expansionsstreben nach Westen in die ostschwäbischen Gebiete mit diesen Verpfändungen ein gutes Stück weitergekommen. Zwar widersetzte sich der Augsburger Bischof hartnäckig diesen Bestrebungen, aber ohne die Hilfe des Habsburgers wäre sein Widerstand zeitlich begrenzt gewesen. Denn Rudolf von Habsburg trachtete danach, das vormals ausgegebene Reichsgut wieder an die Krone zu bringen und war im ostschwäbischen Raum dabei durchaus erfolgreich. Er verfolgte nach seinem Sieg 1278 auf dem Marchfeld eine Territorialpolitik, die darauf abzielte, eine Verbindung zwischen seinem Besitz am Oberrhein und den neuen österreichischen Ländern herzustellen. In dieser Politik nahmen die Städte eine wichtige Stellung ein, und ihre Entwicklung zu freien Reichsstädten wurde von Rudolf nachhaltig gefördert. Gerade im ostschwäbischen Raum und im Allgäu waren die freien Reichsstädte wie Augsburg, Memmingen, Kempten und Kaufbeuren, die treu auf der Seite des Königs standen, nicht nur ein wirksames Hindernis für die herzoglich-bayerische Westexpansion, sie wurden durch ihre Wirtschaftskraft auch mehr und mehr ein machtpolitischer Faktor.

Vor diesem Hintergrund wird man wohl auch das Rudolfinische Privileg sehen müssen, das der König am 3. Februar 1286 in Augsburg ausstellte und das sich noch heute im Besitz der Stadt befindet. Eine Kopie davon kann vor dem großen Sitzungssaal im Rathaus der Stadt besichtigt werden. Der von Kaufbeuren erlangte rechtliche Status einer freien Reichsstadt wurde bestätigt, des weiteren erhielt sie noch folgende Privilegien und Freiheiten:

Die Stadt soll niemals veräußert, verpfändet oder vertauscht werden; bei dieser Bestimmung hatte der König wahrscheinlich noch die Städteverpfändungen kurz nach seiner Wahl an den bayerischen Herzog in Erinnerung. Die Bürger wurden von dem Zugriff auswärtiger Gerichte auf ihre Besitzungen, die ihrem Marktrecht unterstanden, und bei anderen weltlichen Streitigkeiten befreit. Achterklärungen von anderen Herzögen, Grafen oder Gerichten gegen die Stadt oder gegen ihre Bürger sind nichtig. Vogtleute, die in der Stadt wohnen, sind ihrem Vogtherrn keinen Dienst mehr schuldig. Besitzerwerb durch Geistliche oder Ritter in der Stadt war verboten; Stiftungen, die geistlichen Personen oder Institutionen gemacht wurden, mußten innerhalb von Jahresfrist verkauft werden. Einwohner wie Bürger der Stadt wurden zur gleichmäßigen Übernahme aller Lasten verpflichtet, womit zugunsten der Bürger jegliche Steuerfreiheit innerhalb der Stadt beseitigt wurde. Aus besonderer königlicher Gnade erhielt die Stadt Kaufbeuren noch das Recht zu einem Wochenmarkt, der an jedem Donnerstag abzuhalten war. Mögen die übrigen Bestimmungen dieses Privilegs durch den Lauf der Jahrhunderte lediglich historischen Wert besitzen, so wird doch noch heute jeden Donnerstag in der Kaiser-Max-Straße Markt abgehalten. Und jeder Besucher, der zwischen den Buden und Verkaufsständen seiner Besorgung nachgeht, schlägt damit eine Brükke durch die Jahrhunderte zu den Staufern, die den Marktplatz anlegten, und zum ersten habsburgischen König, der den Markt auf diesem Platz durch die Jahrhunderte schützte!

Mit dieser Bestätigung seiner Privilegien war der Status von Kaufbeuren als einer reichsfreien, dem Kaiser direkt unterstehenden Stadt befestigt und sollte sich auch bis zum Ende des alten Reiches nicht mehr ändern. Aber zum Geschick einer freien Reichsstadt gehörte es damals auch, sich um die große Politik zu kümmern. Bei der zwiespältigen Königswahl von 1314 zwischen Herzog Ludwig IV. von Bayern-München und Friedrich von Habsburg schloß sich Kaufbeuren mit anderen schwäbischen Städten dem in Oberschwaben begüterten Habsburger an, der aber den Kampf um die Königskrone gegen den Wittelsbacher verlor. So mußte sich Kaufbeuren im August 1315 einer bayerischen Belagerung erwehren, und obzwar die Stadt nicht eingenommen wurde, so hatte sie doch den Verlust des Hospitals zu beklagen, das, außerhalb der Stadtmauern stehend, von den abziehenden Truppen in Schutt und Asche gelegt wurde. Doch das hinderte die Stadt nicht, mit einem Kontingent Soldaten an der Seite Herzog Leopolds von Österreich an der Entscheidungsschlacht 1322 bei Mühldorf gegen den siegreichen Ludwig von Bayern teilzunehmen. Der aber war nicht besonders nachtragend, schließlich spielten die Reichsstädte in seiner

Politik eine viel zu wichtige Rolle. So wurde dem Dorf Vils in Tirol bei seiner Stadterhebung durch König Ludwig von Bayern 1327 das Recht der Stadt Kaufbeuren verliehen und Kaufbeuren selbst nicht nur das Privileg Rudolfs von Habsburg bestätigt, sondern der Stadt auch am 22. November 1330 „wegen ihrer unverbrüchlichen treuen Dienste gegen Kaiser und Reich" die Rechte der Stadt Memmingen verliehen. Außerdem erhielt Kaufbeuren noch im gleichen Jahr das Recht, daß seine Bürger ungeachtet des Landfriedens ihre Schuldner in der Stadt pfänden durften.

Die Erfahrungen, die Kaufbeuren und die anderen Reichsstädte in Schwaben in den ersten Jahrzehnten des 14. Jahrhunderts mit der Reichspolitik machten, führten zu Landfriedensvereinigungen und Städtebündnissen. Damit verschaffte man sich politischen Rückhalt und erhöhte die allgemeine Rechtssicherheit. Denn Fehden und Raubritter störten Verkehr und Handel oft ganz erheblich.

Kaufbeuren wurde Mitglied des Schwäbischen Städtebundes, den Kaiser Ludwig der Bayer 1330 ins Leben rief, war bei der „Gesellschaft der Städte um Augsburg" dabei und nahm Anteil an der Erneuerung des Landfriedens 1333. Die Einigkeit mit den anderen Städten verlieh Stärke. Bei der Wahl Karls IV. zum König versicherten sich die Städte gegenseitiger Hilfe, wenn das Reichsoberhaupt ihre Privilegien und ihren Status verkümmern lassen wollte. Eine Folge dieser Wahl war aber auch die Aussöhnung zwischen dem deutschen König und der päpstlichen Kurie, so daß Bischof Friedrich von Bamberg am 31. Januar 1348 die Stadt Kaufbeuren von Bann und Interdikt freisprechen konnte, in die sie durch ihre Anhängerschaft an Kaiser Ludwig den Bayern geraten war. Aber die Städtebündnisse in Schwaben waren der königlichen Gewalt ein Dorn im Auge. Karl IV. hob den Schwäbischen Städtebund 1350 wieder auf und führte statt dessen einen Landfrieden in Schwaben ein, dem sich Kaufbeuren wie die anderen Städte auch anschloß.

Das Ende der Regierungszeit Karls IV. brachte für Kaufbeuren wie für andere Städte Schwabens wieder kriegerische Verwicklungen. Noch 1370 hatte der Kaiser mit insgesamt 31 Reichsstädten einen Landfriedensbund gegen die damals sich neu bildenden Rittervereinigungen gebildet. Diese antworteten mit einem Gegenbündnis, das gegen jedermann gerichtet war mit Ausnahme des Kaisers und der Herzogtümer Bayern und Württemberg. Von da an kam es im oberschwäbischen Raum zu Raub- und Kriegszügen, Eroberungen und Belagerungen. Im Verlauf dieser Kämpfe, die von Friedensschlüssen unterbrochen wurden, belagerte 1377 der Herzog von Teck Kaufbeuren, wofür ihm ein Aufgebot der verbündeten Städte seine Herrschaft Mindelheim zerstörte. Auch die nächste Belagerung Kaufbeurens verlief erfolglos. Herzog Stephan III. von Oberbayern lag im Juli 1388 sieben Tage lang vor der Stadt. Zwei Stürme der Bayern konnten abgewehrt werden, doch war abzusehen, daß die alten Stadtmauern aus staufischer Zeit nicht mehr lange standhalten würden. Die Verbündeten sammelten sich bei Memmingen und erzwangen den bayerischen Abzug.

Zwar mußten die schwäbischen Städte am 24. August 1388 in der Schlacht von Döffingen eine schwere Niederlage gegen Graf Eberhard von Württemberg hinnehmen. Doch wahrten die Kaufbeurer beim Friedensschluß ein Jahr später mit dem Augsburger Bischof und den Herzögen von Bayern standhaft ihr Recht, so daß der Augsburger Chronist Hector Mülich von ihnen berichten konnte: „Die von Peuren bestunden das recht vesticlich aus und wurden hertzog Steffan nichts schuldig."

Kaiser Sigismund (1410–1437) legalisierte die Städtebünde und die Ritterverbindungen und versuchte, die Kräfte beider Lager zur Beseitigung der allgemeinen Rechtsunsicherheit zu nutzen. Es mag in jenen Zeiten für die Kraft und die Macht Kaufbeurens sprechen, daß das Kloster Steingaden 1425 seine schwäbischen Güter und Besitzungen unter Kaufbeurer Recht und damit unter den Schirm der Reichsstadt stellte. Ebenso begab sich 1446 das Kloster Irsee mit allen seinen Gütern und Untertanen in den Schutz der Stadt.

Um 1420 herum begann die Stadt mit einer Erneuerung der Stadtbefestigung. Die Erfahrungen aus den

Der Name des Sywollenturms stammt vom Mittelhochdeutschen „sinwel“ (rund)

Der Verkehrsknotenpunkt der Stadt: Die Spittelmühlkreuzung

letzten Belagerungen waren offensichtlich nicht vergessen worden. Nun wurde auch das früher außerhalb der Befestigung gelegene Heilig-Geist-Spital in die Ummauerung mit aufgenommen. Die Stadt gewann damals ihr Aussehen, wie man es heute teilweise noch in der Altstadt sehen, zumindest aber erahnen kann. Das heutige Wahrzeichen der Stadt, der Fünfknopfturm, wurde errichtet, und noch heute gilt der Mauerzug zwischen ihm und St. Blasius als „... ein eindrucksvolles Stück hochmittelalterlicher, im späten Mittelalter nur wenig veränderter Stadtbefestigung" (Tilmann Breuer).

Aber nicht nur der Ausbau der Stadtbefestigung in ihrer noch heute überkommenen Form weist auf eine kraftvolle Blüte der Stadt hin, es sind auch die großen Sakralbauten, die in dieser Zeit ihre endgültige Form gewonnen haben. Seit 1403 baute man an der Pfarrkirche St. Martin, 1436 entsteht der neue Chor von St. Blasius, dessen spätgotische Halle wird 1484/85 vollendet. In die Mitte des Jahrhunderts fällt auch der Ausbau der Spitalkirche. Stellvertretend für die profanen Bauten sei hier noch das alte gotische Rathaus genannt, das 1418 erstmals erwähnt wird und einen markanten Abschluß des östlichen Teiles der Kaiser-Max-Straße bildete.

In diesem Jahrhundert fand auch der Ausbau der inneren Verwaltung der Stadt seinen vorläufigen Abschluß. Als Amtsnachfolger des staufischen Officiatus war noch zu Zeiten des rudolfinischen Privilegs ein Ammann als oberster Beamter tätig, der nun seine Befugnisse im Namen des Reiches als oberster Stadtherr ausübte. Dieser Ammann nahm als Vorsitzender des Stadtgerichtes die niedere Gerichtsbarkeit wahr. So heißt es in der Urfehde eines Schongauer Bürgers 1355 „umb die vanchnuss, die der amman zu Büron, der raut und die burger gemeinclich ze Püron gethan hant". Daneben, und dies ist eine ausgesprochene Besonderheit in den Allgäuer Städten der damaligen Zeit, hatte der Kaufbeurer Ammann auch noch die Hoch- oder Blutgerichtsbarkeit inne. Diese Doppelstellung erklärt sich wohl daraus, daß die hohe Gerichtsbarkeit, die ursprünglich nur den Stadtherren zustand, unter Rudolf von Habsburg an den Reichslandvogt von Oberschwaben überging, der seine Residenz in Ravensburg hatte. Kaufbeuren lag nun schon ganz am Rande dieser oberschwäbischen Reichslandvogtei, und es schien der beste Weg gewesen zu sein, den Kaufbeurer Ammann ebenfalls mit dem Blutbann auszustatten. Aus den Jahren 1338 und 1363 sind sogenannte Ammannsverschreibungen erhalten, aus ihnen gewinnen wir ein recht anschauliches Bild. So besetzte der Ammann unter Mitwirkung der Bürgerschaft die städtischen Ämter. Er arbeitete beim Erlaß von Statuten mit, mußte den Bürgern bei Streitigkeiten außerhalb der Stadt beistehen und war der Oberbefehlshaber der städtischen Truppen, wenn diese in den Kampf zogen. Der Ammann erhob Zölle, Steuern und Bußgelder, die er zum Teil an die kaiserliche Kammer abführen mußte, zum anderen Teil aber als „salarius" zusammen mit den Banngeldern von den Zünften und der grundherrlichen Steuer des Königspfennigs für sich behalten durfte. Allerdings mußte der Ammann aber auch dem Reichslandvogt in Ravensburg alljährlich eine Summe von 60 fl. entrichten.

Der Einfluß der Bürger und des aus ihrer Mitte hervorgehenden Rates der Stadt nahm im 14. Jahrhundert spürbar zu. Der Ausgangspunkt dieser Entwicklung ist wohl in der damaligen Gerichtsverfassung zu suchen. Der Ammann als vorsitzender Richter hatte aus dem Kreis der Stadtbürger die Schöffen auszuwählen, die mit ihrem Rat nicht nur über das Urteil zu befinden hatten, sondern es auch vor der Gerichtsgemeinde verantworten mußten. Wir können annehmen, daß aus dieser Praxis sich ein Rat entwickelte, der aus den Reihen der Bürgerschaft bestimmt wurde und der die bürgerlichen Interessen gegenüber dem Ammann besonders auf politischer Ebene vertrat. Aus dem Jahre 1302 stammt die erste urkundliche Nennung des Rates der Stadt, der bald darauf auch seine reichsrechtliche Anerkennung als Verwaltungsorgan der Stadt findet. An der Spitze des Rates der Stadt steht der Bürgermeister, der in dieser Zeit vermutlich vom Rat aus den eigenen Reihen gewählt wurde und der 1331 in einer Urkunde Kaiser Ludwigs des Bayern zum erstenmal erwähnt wird. Bei diesem relativ raschen Ausbau der eigenständigen städtischen Verwaltung verwundert es nicht, wenn das Amt des Ammanns immer mehr auf die eigentliche

Gerichts- und Richterfunktion beschränkt wird. Mochte sich die Bürgerschaft aufgrund ihrer Tüchtigkeit und ihres politischen Selbstbewußtseins im Rat unter dem Vorsitz ihres Bürgermeisters eine aus ihrer Mitte gewachsene politische Vertretung gegeben haben, das Recht zur Jurisdiktion war daraus noch nicht abzuleiten. Erst die Verleihung der hohen Gerichtsbarkeit an die Stadt Kaufbeuren durch Kaiser Sigismund im Jahre 1418 bildete den Abschluß dieser Entwicklung. Galt vorher noch der Ammann als Beamter des Reiches, der sein Recht Hochgericht zu halten vom Blutbann des Kaisers herleitete, so wurde mit diesem Privileg die Stadt Kaufbeuren selbst Trägerin der Hochgerichtsbarkeit. Der Ammann wurde nun in städtische Dienste übernommen und erhielt seine Vollmachten als oberster Richter der Stadt von nun an alljährlich am 1. Mai zusammen mit den anderen neu- oder wiedergewählten Amtsinhabern. Das Stadtgericht, das unter seinem Vorsitz zusammentrat, bestand aus vierzehn Richtern.

Ebenfalls in der zweiten Hälfte des 14. Jahrhunderts bildete sich die innere Verfassung des Stadtregiments heraus. Der wirtschaftliche Aufschwung, den Kaufbeuren damals erlebte und der auch noch im 15. und 16. Jahrhundert zu spüren war, spiegelte sich in dem zunehmenden Verlangen der Handwerker und Gewerbetreibenden, am politischen Leben teilzunehmen, wider. Ein Teil davon war aus der Umgebung nach Kaufbeuren gezogen, wie wir den Jahrzeitstiftungen des Hospitals entnehmen können. Man schloß sich nun in Zünften zusammen, um durch Einigkeit Stärke zu gewinnen. Das Mitwirkungsrecht an der Stadtpolitik mußte aber den alteingesessenen ratsfähigen Geschlechtern erst abgerungen werden. Zu diesen Patriziern zählten die Rapolt (1261), die Amze (1261), die Sulzer (1286), die Gesail (1303) und die Wüst (1308), aber auch Rittergeschlechter, die in der Stadt ansässig waren, wie die Leutkircher (1261), die von Gennach (1319) und die von Altmannshofen (1367). Über die näheren Einzelheiten dieser Zunftkämpfe wissen wir nichts, der Ausgang ist uns aber bekannt. Noch am Ende des 14. Jahrhunderts stehen die Zunftmeister als Vertreter der einzelnen Zünfte in einer Reihe mit den Ratsmitgliedern und dem Bürgermeister.

Die so gefundene Zunftverfassung war die Grundlage der städtischen Verwaltung und hatte bis 1551 Bestand. In Zünften zusammengeschlossen hatten sich das alte Patriziat (Herrenzunft) sowie die Handwerker der Bäcker, Schmiede, Weber, Metzger, Schuster und Kramer. Alljährlich wählte jede Zunft einen Zunftmeister, der auch von den anderen Zünften bestätigt und anerkannt werden mußte und durch den die Zunft mit Sitz und Stimme im Rat vertreten wurde. Danach wählten die Zünfte noch sechs Ratsherren, den Bürgermeister und den Ammann, wobei die Zunft, aus deren Reihen der Bürgermeister gewählt wurde, auf die Aufstellung eines Ratsherrn verzichten mußte. Jeweils am 1. Mai eines Jahres wurde gewählt, das Verfahren war umständlich und verwickelt. Die Zünfte bestimmten aus ihrer Mitte die „Elfer“, elf Zunftgenossen, die dann das Wahlrecht ausübten und in ihrer Gesamtheit die „Gemeine“ bildeten. Bei großen und wichtigen Entscheidungen wurde die „Gemeine“ zusammengerufen und bildete dann mit dem ständigen Rat zusammen den „großen Rat“, der dann die Entscheidungen fällte. Am Tag nach dem Wahltag nahm der neugewählte oder wiederbestätigte Rat die Besetzung der städtischen Ämter vor und bestellte die Richter des Stadtgerichts.

Diese Verfassung ermöglichte es Kaufbeuren im 15. Jahrhundert, nicht nur einen unvergleichlichen wirtschaftlichen Aufschwung zu nehmen, sondern ließ die Stadt auch an der Politik im Reich teilnehmen. So stellte Kaufbeuren ein bewaffnetes Kontingent dem Reich während der Hussitenkriege zur Verfügung und unterstützte auch die verbündeten Städte im zweiten großen Städtekrieg (1459–1460). 1475 nahmen 40 Mann aus Kaufbeuren unter Hauptmann Utz Stoffel am Reichskrieg gegen Burgund teil, und die Stadt mußte sich zur Bestreitung ihrer Unkosten 1000 Gulden bei Anton Honold leihen.

Die Expansion der niederbayerischen Herzöge Ludwig und Georg des Reichen führte 1488 zur Gründung des Schwäbischen Bundes unter Kaiser Friedrich III., der die um ihre Selbständigkeit fürchtenden Fürsten, Ritter und Städte Schwabens umfaßte. Kaufbeuren befand sich beim Gründungstag am

Im Stadtsaal feiert Kaufbeuren seit fast hundert Jahren seine Feste

Der Biergarten – ein beliebter Treffpunkt

4. Februar 1488 in Esslingen unter den Gründungsmitgliedern und verpflichtete sich, dem Bund fünf Berittene und 50 Fußknechte zur Verfügung zu stellen. Zwar wollte die Stadt dann 1496 von einer Verlängerung des Bundes wegen eines Streites mit Eglof von Riedheim zu Waal Abstand nehmen, aber ein geharnischter Brief König Maximilians I. ließ sie wieder an der Tagsatzung des Bundes am 10. August 1498 in Ulm teilnehmen. Kaufbeuren blieb dann Mitglied des Schwäbischen Bundes bis zu dessen Auflösung 1533.

Bevor wir uns nun am Ende des Mittelalters, dieser für Kaufbeuren so glanzvollen Zeit, der Gestalt Kaiser Maximilians I. und seiner Beziehung zur Stadt zuwenden, wollen wir einen Blick auf die Entwicklung der bedeutendsten städtischen Stiftung, das Heilig-Geist-Spital, werfen. Als Gründungsjahr gilt 1249. Ursprünglich stand das Spital direkt unter der Gewalt des Augsburger Bischofs, der auch die Aufsicht über die klösterliche Gemeinschaft, die im Spital die Pflegearbeiten verrichtete, innehatte. Weltlichen Schutz und Aufsicht übten die Schirmvögte aus, die 1270 noch die Herren von Kemnat waren. Aber schon bald treten sie zunächst vor dem Kaufbeurer Ammann, dann vor Vertretern der Bürgerschaft in dieser Funktion in den Hintergrund. Seit 1306 beteiligte sich die Stadt durch einen weltlichen Pfleger an der spitalischen Güterverwaltung. Nach dem Aussterben des klösterlichen Konvents, im Jahr 1382 letztmals genannt, übernahm dann die Reichsstadt die Verwaltung des Spitals und ernannte einen dem Bürgermeister und dem Rat der Stadt verantwortlichen Spitalmeister. Da es beim Spital auch um erhebliche Vermögenswerte ging, ließ sich die Stadt die Übernahme der Spitalverwaltung durch päpstliche und kaiserliche Privilegien bestätigen und absichern. Damit gewann die Stadt auch noch das Präsentationsrecht auf die Seelsorgerstelle im Spital.

Seit 1440 trug Kaiser Friedrich III. aus dem Hause Habsburg die vornehmste Krone der Christenheit. Sein Phlegma hat ihm unter anderem auch den Beinamen „des heiligen Römischen Reiches Erzschlafmütze“ eingetragen. Doch muß festgestellt werden, daß er die wirtschaftliche Entwicklung des ostschwäbischen Raumes durch großzügige Verleihung von Markt- und Gerichtsprivilegien entschieden förderte. Unter ihm erhielt auch Marktoberdorf 1453 das Marktrecht. Sein Sohn Maximilian mochte die Beweglichkeit und den hochfahrenden Fürstensinn von seiner portugiesischen Mutter Eleonore geerbt haben. Die Jahre 1474 und 1475 verbrachte der Prinz unter der Aufsicht des Augsburger Fürstbischofs Johannes von Werdenberg in den Schlössern Dillingen und Günzburg. Als passionierter Jäger lernte er Nord- und Ostschwaben ausgiebig kennen, und er kehrte immer wieder gerne in diese Region zurück. Kaufbeuren gedenkt in ganz besonderer Weise der häufigen Besuche Maximilians I., wenn es alljährlich im Juli das Tänzelfest begeht, in dem die Kinder die Geschichte der Stadt nachspielen. Es gedenkt aber auch damit dem Ansehen seiner Handwerker und dem Rang seiner reichsstädtischen Freiheiten, die es in den Jahrzehnten vor Maximilian I. erwarb. Und durch die Gestalt des Kunz von der Rosen, dem aus Kaufbeuren stammenden „lustigen Rat“ und engen Vertrauten des Kaisers, war fast eine persönliche Beziehung zwischen Maximilian I. und seiner „villieben stadt Kauffbeuren“ entstanden.

Es war nun keineswegs so, daß das Gebiet der Reichsstadt Kaufbeuren schlagartig vor den Stadttoren zu Ende gewesen wäre. Aus dem alten staufischen officium Buron war Kaufbeuren die Landeshoheit über die Dörfer Märzisried, Stöttwang, Thalhofen, Obergermaringen, Eurishofen, Schwäbishofen und Weinhausen verblieben. In Gutenberg und Oberostendorf teilte sich Kaufbeuren die Herrschaft mit dem Hochstift Augsburg, und die Herrschaft über Oberbeuren beanspruchte das Stift Kempten. So grenzte Kaufbeuren mit seinem Territorium an das Hochstift Augsburg, an das Stift Kempten, an die Klöster Rottenbuch und Irsee und an die Herrschaft Waal.

Mit diesem Territorium und ca. 2500 Einwohnern zählte Kaufbeuren im damaligen Heiligen Römischen Reich Deutscher Nation zu den kleinen Mittelstädten. Die wirtschaftliche Grundlage bildete die Weberei, 1479 war mehr als ein Viertel der Gesamtbürgerschaft in der Weberzunft vereinigt, 1545 war es beinate die Hälfte. So war an der Schwelle zur Neuzeit Kaufbeuren zwar nicht unbedingt als reich anzusehen, aber es konnte als wohlhabend gelten.

Konflikte innerhalb der Stadtmauern. Konfessionelle Teilung und Stagnation bis zum Ende des Alten Reiches

Für die Zeitgenossen war der Beginn des neuen Jahrhunderts mit mancherlei Sorgen und Ängsten verknüpft: Ein Spanier – oder war's ein Italiener? – soll da vor einigen Jahren einen ganz neuen Erdteil weit über dem Meer entdeckt haben. Die Türken standen an der Ostgrenze des Reiches, und unter den Bauern auf dem Land war in den letzten Jahren eine Unruhe entstanden, die sich in immer wiederkehrenden Empörungen und Erhebungen Luft machte. Waren damals nicht auch Kaufbeurer Soldaten im Aufgebot des Schwäbischen Bundes gestanden, als sich 1491 und 1492 stiftkemptische Bauern gegen die von Gott gewollte Obrigkeit gekehrt hatten und erst das Bundesaufgebot eine friedliche Einigung herbeigeführt hatte?
Mancher Bürger dieser Stadt mag auf diese Nachrichten hin sich ein wenig seufzend, aber auch mit dem Gefühl der Sicherheit zurückgelehnt haben. Vielleicht dachte er dabei an den letzten Besuch Kaiser Maximilians I., der für die Stadt zwar ehrenvoll, aber auch teuer gewesen war. Unter Umständen hat unser wackerer Kaufbeurer noch ein wenig weitersinniert, so zum Beispiel über Sinn und Nutzen eines akademischen Studiums. Erst kürzlich hatten sich wieder zwei Kaufbeurer Bürgersöhne, Wolfgang Früschlich und Eustachius Koler, an der Universität von Erfurt eingeschrieben. Etwas weiter oben in dieser Matrikel stand auch der Name von Martin Luther. Aber dem maß man 1501 noch keine große Bedeutung bei.
In diesen vielleicht etwas romanhaft vorgetragenen Gedanken sind die Hauptereignisse der Stadtgeschichte Kaufbeurens bis zum Ende des Alten Reiches schon vorgezeichnet worden.
Unter den schon erwähnten kemptischen Bauern herrschte schon seit Jahren eine tiefe Verbitterung über das Vorgehen des Klosters. Dieses hatte in wenigen Jahren an die 1200 freie Bauern unter seine Herrschaft gebracht und gleichzeitig auch noch die Abgaben und Dienstleistungen der Bauern an das Kloster erhöht. Unter dem neuen Abt Sebastian von Breitenstein spitzte sich die Lage dramatisch zu, nachdem die Bauernschaft Anfang des Jahres 1525 Klage gegen den Fürstabt beim Schwäbischen Bund in Ulm vorgebracht hatte. Ende Februar wurde sogar der noch in Vorverhandlungen stehende Abgesandte Jörg Schmid, genannt Knopf, zurückgerufen, da sich die Mehrheit der Bauern zum Aufstand entschlossen hatte. Einige Tage zuvor hatten sich bereits die Kaufbeurer Bauern zusammengeschlossen. Sie verlangten die Freiheit der Jagd und der Fischerei, die Abschaffung der Abgaben für Kriegsdienste und eine Änderung der Grundleihbedingungen, mit dem Ziel, alle Bauerngüter nach Erbrecht zu erhalten. Im ganzen Allgäu einigten sich nun die Bauern und bildeten drei Haufen: Den Allgäuer, den Bodensee- und den Baltringer Haufen. Die Forderungen der Bauern flossen in die „Zwölf Artikel der Bauernschaft in Schwaben“ ein, die der Memminger Kürschnergeselle Sebastian Lotzer verfaßte. Das ganze Land geriet nun in Aufruhr, bald kontrollierten die aufständischen Bauern das Gebiet zwischen Lech und Bodensee. In Kaufbeuren wurde allgemeine Wachsamkeit angeordnet, die Bürger wurden bewaffnet, Stadtmauer und Stadttore besetzt. Am Vorabend der Ratswahlen am 1. Mai 1525 wurden gegen den Bürgermeister Blasius Honold Schmähschriften ausgeteilt, und der Rat mußte die Bürger ermahnen, niemand an den bevorstehenden Wahlen zu hindern oder es sich gar einfallen zu lassen, einen Aufruhr anzuzetteln. Zur Ruhe in der Stadt trug aber auch wesentlich das Fähnlein Landsknechte des Schwäbischen Bundes bei, das in diesen Tagen zum äußeren und inneren Schutz in der Stadt Kaufbeuren stationiert wurde. Als dann in der Nacht vom 5. auf den 6. Mai 1525 ein Bauernhaufe das Kloster Irsee plünderte und zerstörte, flohen die wenigen

Der eigenwillige Reiz moderner Zweckarchitektur: Das Parkhaus Nord

Keine mittelalterliche Festung, sondern ein Gefängnisbau des 19. Jahrhunderts –
heute im Volksmund „Café Quadrat“ genannt

Mönche, die damals noch im Kloster lebten, nach Kaufbeuren. Aber vollständiger Schutz wurde ihnen da auch nicht zuteil, denn die abziehenden Bauern konnten noch ein Lösegeld für das Kloster erpressen, nachdem dieses abgebrannt worden war. Ein Teil der Bürgerschaft sympathisierte nämlich ganz ausdrücklich mit den Bauern und bereitete sich vor, am 15. Juni 1525 die bisherige Stadtherrschaft zu stürzen. Jedoch der Rat der Stadt kam den Verschwörern zuvor und verwies die Rädelsführer der Stadt, unter ihnen befanden sich auch zwei Prediger der neuen evangelischen Konfession. Mit der fehlgeschlagenen Belagerung von Memmingen im Juni 1525 geht der Bauernkrieg in Schwaben weiter. Die Truppen des Schwäbischen Bundes unter Jörg Truchseß von Waldburg entsetzen die Stadt und marschieren nach Süden. Die Entscheidungsschlacht bei Leubas Mitte Juli 1525 wird von den Bauern abgebrochen, die sich entweder zerstreuen und in ihre Dörfer heimkehren oder sich auf den Kohlenberg bei Sulzberg zurückziehen. Hier ergeben sie sich dann dem Truchseß auf Gnade und Ungnade.

Zeitgleich mit diesen Ereignissen erfolgte auch das erste Auftreten der Reformation in Kaufbeuren. Ab 1520 kam die lutherische Lehre in die Stadt, wobei Dr. Sebastian Fuchssteiner einer der eifrigsten Verbreiter der neuen Konfession war. Jeden Sonntag las er von einem eigens dafür installierten Predigtstuhl in der Pfarrkirche St. Martin die Schriften Luthers vor. Daraus entstanden dann heftige Diskussionen unter den Zuhörern, die sich hauptsächlich um die ungeistliche Art der Lebensführung des hiesigen katholischen Klerus drehten. Noch bevor das Wormser Edikt vom 26. Mai 1521 vom Rat der Stadt öffentlich ausgehängt wurde, verbot dieser mit einem „geschärften" Mandat vom 5. März 1521 der Bürgerschaft, die öffentliche Lästerung und Herabsetzung der heiligen Jungfrau Maria und der Heiligen. Ferner dehnte man den Schutz vor Schmähungen auch auf die katholische Geistlichkeit aus, wie das Mandat vom 1. Juni 1523 bezeugt. Im Sommer 1524 kam es dann zwischen Spitalkaplan Jakob Lutzenberger, einem Anhänger der neuen Konfession, und dem altgläubigen Spitalpfarrer Georg Sigh zur offenen Konfrontation, als der Kaufbeurer Kannengießer Ulrich Winkler am 8. September 1524 dem predigenden Georg Sigh zur Kanzel hinaufrief: „Pfaff, du lügst!" Auf die Beschwerden Sighs über diese Behandlung ermahnte dann der Augsburger Bischof den Rat am 24. November 1524, sich nicht in geistliche Dinge mischen zu wollen, sondern darauf zu sehen, daß die Bevölkerung sich gegenüber dem hergebrachten Klerus ruhig und anständig verhalte. Es läßt sich heute nicht mehr feststellen, inwieweit der Rat dieser Ermahnung nachgekommen ist. Am 8. Januar 1525, dem Sonntag nach Dreikönig, predigte Jakob Lutzenberger im evangelischen Sinne, als wiederum Ulrich Winkler die Predigt unterbrach und auf den neben ihm stehenden Kaplan einzuprügeln begann. Lutzenberger beendete die Predigt, und Bürgermeister Blasius Honold stellte in der Kirche wieder Ruhe und Ordnung her. Am nächsten Tag trat dann der Rat der Stadt zusammen und beriet sich über die Forderung der lutherischen Bürger, ein Religionsgespräch öffentlich zu veranstalten, in dem jede Partei ihre Behauptungen nur aus der Heiligen Schrift begründen sollte. Der Rat gab dieser Forderung nach und setzte das Gespräch auf Montag, den 30. Januar 1525, fest.

Trotz der Einwände des Augsburger Bischofs wurde dann dieses Religionsgespräch abgehalten. Die evangelische Seite hatte sich gut darauf vorbereitet, während die Altgläubigen mehr als einmal das Fehlen theologischer Kenntnisse eingestehen mußten. Nach diesem Sieg der Evangelischen faßte der Rat einen Beschluß, der vier Punkte umfaßte. Er sah vor, daß die neue evangelische Lehre verkündet werden dürfe, sich die Priester aber untereinander jeglicher Schmähungen und Abträglichkeiten zu enthalten hätten. Es wurde den einzelnen Priestern freigestellt, in welcher Art sie die Messe feiern wollten, bis der Rat sich darüber eine verbindliche Meinung gebildet hätte. Damit war der Reformation in Kaufbeuren der Weg offen, aber die jetzt gleichzeitig aufflammenden Bauernunruhen gaben der Entwicklung eine andere Richtung.

Bei den Ratswahlen am 1. Mai 1525 wurde Blasius Honold, der der neuen Lehre sehr wohlwollend gegenüberstand, von dem streng katholisch eingestellten Matthias Klammer abgelöst. Und dieser war dann auch maßgeblich daran beteiligt, die evangelischen Prediger zu Fronleichnam 1525 aus der Stadt zu weisen. Mit Hilfe der in der Stadt liegenden Truppen des Schwäbischen Bundes stellte er die alten Verhältnisse wieder her. Klammers Nachfolger Jörg Rößler vertrat ebenso energisch die Einhaltung des altgläubigen Bekenntnisses. Auch auf den Reichstagen 1529 in Speyer und 1530 in Augsburg, wo die „Confessio Augustana“ überreicht wurde, stand Kaufbeuren auf der Seite der katholischen Reichsstände. In diesen Jahren galt Kaufbeuren geradezu als Zufluchtsstätte für bedrängte Ordensleute, die aus den evangelisch gewordenen Nachbarstädten Aufnahme und Schutz an der Wertach fanden. Die Leitung der städtischen Politik lag in jenen Jahren durchweg in den Händen überzeugter Katholiken wie Jörg Huß, Jörg Wurm, Hans Bonrieder und Jörg Rößler. Aber als dann 1536 zum erstenmal Matthias Lauber zum Bürgermeister gewählt wurde, lockerte sich in den folgenden Jahren die strikt altgläubige Haltung. Zu Ostern 1539 reichte der Spitalpfarrer das Abendmahl in beiderlei Gestalt. Gegenüber der katholischen Seelsorge aber mußte sich der Rat der Stadt in diesen Jahren mehrmals beim Ordinariat in Augsburg wegen Vernachlässigung der Aufgaben beschweren. Aber in der Zwischenzeit hatten auch noch andere Glaubensrichtungen in Kaufbeuren Eingang gefunden. Von Augsburg her war die Lehre der Wiedertäufer verbreitet worden, gegen die der Rat einschreiten mußte. Im Gegensatz zu den Wiedertäufern aber erfreuten sich die Anhänger Kaspar Schwenckfelds in Kaufbeuren einer breiteren Zustimmung. Sie bestimmten 1543 bei den Ratswahlen die Zusammensetzung des Stadtregiments nach ihren Vorstellungen, womit die katholische Seite einen schweren Rückschlag erhielt. Kaufbeuren bekannte sich nun offen zur Lehre Schwenckfelds und saß im Reich damit sozusagen zwischen allen Stühlen. Da aber die Schwenckfelder die Unterdrückung der evangelischen Lehre eingestellt hatten, faßte das lutherische Bekenntnis in Kaufbeuren wieder mehr und mehr Fuß. Unter diesem Eindruck bemühten sich nun die evangelischen Reichsstände, die Stadt auf ihre Seite zu ziehen. Am 5. August 1545 erklärte das Kaufbeurer Stadtregiment in Anwesenheit der Delegationen aus Ulm, Augsburg, Kempten und Memmingen, das Wort Gottes gemäß der Augsburger Confession predigen und lehren zu lassen. Dann wurden die Bilder aus den Kirchen entfernt, und die noch verbliebenen drei katholischen Geistlichen verließen die Stadt. Den Franziskanerinnen wurde es freigestellt, das Kloster zu verlassen, Novizinnen durften sie aber nicht mehr aufnehmen. Ein Schreiben Kaiser Karls V., das das Vorgehen Kaufbeurens mißbilligte und die Stadt aufforderte, die alten Zustände bis zu einer endgültigen Entscheidung in Religionssachen wiederherzustellen, blieb ohne Eindruck. Kaufbeuren war evangelisch geworden.

Das neue Bekenntnis konnte sich nicht lange einer ungestörten Ausübung erfreuen. Kaufbeuren schloß sich eng an den Schmalkaldischen Bund an und erlitt mit ihm das Schicksal der verlorenen Auseinandersetzung mit Kaiser Karl V., der in der Schlacht bei Mühlberg (24. Juni 1547) über die Schmalkaldener siegte. Auf dem „geharnischten Reichstag“ von Augsburg 1548 erzwang der Kaiser das „Interim“, das die Stadt am 28. Juni 1548 annahm. Die katholische Messe mußte wieder zugelassen werden, die Pfarrstelle von St. Martin wurde wieder besetzt.

Der kaiserliche Eingriff aber ging noch weiter. Zumindest in den oberdeutschen Reichsstädten wollte Karl V. ein mögliches protestantisches Stadtregiment verhindern. Er verfügte eine neue Verfassung. Diese neue „karolinische Wahlordnung“ wurde am 11. Oktober 1551 in Kaufbeuren durch die kaiserlichen Kommissare Heinrich Hasse und David Baumgartner eingeführt. Die alte Zunftverfassung wurde aufgehoben, oberstes Organ der Stadtverwaltung wurde nun der Kleine Rat. Er setzte sich aus dem Geheimen Rat, bestehend aus den drei Bürgermeistern und zwei Geheimen Räten, und den sieben Ratsherren zusammen. Der Geheime Rat erledigte die Geschäfte. Mitglieder des Stadtregiments sollten nach kaiserlichem Willen nur Katholiken aus den Reihen des Stadtpatriziats sein. Hier aber wies nun die von oben aufgezwungene Verfassung einen für den Katholizismus entscheidenden Fehler auf: Das Kaufbeurer Patriziat war und blieb der Augsburger Confession treu. Bereits nach zehn Jahren war das Stadtregiment

Das Kriegerdenkmal – allgemein nur bekannt als „Nackter Mann“

Ein Zeugnis früherer Wohn- und Bauverhältnisse am Ringweg

wieder fest in evangelischer Hand. Die Stadt bekannte sich 1561 ganz öffentlich als Reichsstand des Augsburger Bekenntnisses.
Diese Ratsverfassung blieb in Kaufbeuren bis 1802 in Kraft. Sie bestimmte das politische Leben in der Stadt für die kommenden 250 Jahre. Kaufbeuren war eine „paritätische" Stadt mit zwei gleichberechtigten Konfessionen geworden, von Protestanten regiert und in einem durch und durch katholischen Umland gelegen. Die daraus entstehenden Konflikte, auch hervorgerufen durch die vermeintliche Unmöglichkeit, die katholische Bevölkerung am Stadtregiment teilhaben zu lassen, dauerten noch lange an.
Die Auseinandersetzungen zwischen den Konfessionen begannen mit der gemeinsamen Nutzung der Stadtpfarrkirche St. Martin (1557) und der Spitalkirche (1562). Sie setzten sich im Kalenderstreit 1583 fort, als der evangelische Rat die gregorianische Kalenderreform nicht anerkannte. Die nun entstandene Differenz zwischen katholischen und protestantischen Feiertagen wurde dazu benutzt, die Katholiken zu benachteiligen.
Die einzelnen Streitpunkte sollen nun nicht mehr nachverfolgt werden. 1604 drängten die Katholiken mit Hilfe einer kaiserlichen Kommission die Protestanten aus der Pfarrkirche St. Martin. Aber noch im gleichen Jahr erbaute die Stadt mit allgemeinen Mitteln, also auch mit katholischen Steuergeldern, die protestantische Dreifaltigkeitskirche in der Kaiser-Max-Straße. Und auch im Kalenderstreit lenkte der Rat ein, so daß die beiden Konfessionen wenigstens seit 1604 sich wieder der gleichen Zeitrechnung bedienten.
Die Zeiten der blühenden Reichsstadt Kaufbeuren gingen mit dem 16. Jahrhundert zu Ende. Noch 1571 erwarb die Stadt die Orte Dösingen und Westendorf. Im gleichen Jahr kaufte sie von Jakob Rehlinger zu Leeder Oberostendorf. Außerdem war die Stadt in diesen Jahren noch in der Lage, dem Kaiser fast 15 000 Gulden vorzustrecken. Die zahlreichen Stiftungen, die für den Zeitraum von 1573 bis 1581 bezeugt sind, lassen durchaus eine steigende Wirtschaftskraft erkennen. Schon 1544 mußte die Bleiche vergrößert werden, was auf ein blühendes Weberhandwerk schließen läßt. Doch dann setzte die vom Kaiser dringend benötigte und von den Reichsständen bewilligte Türkenhilfe der wirtschaftlichen Kraft der Stadt arg zu. Sie zahlte von 1582–1600 insgesamt 44 200 Gulden Reichssteuern und zusätzlich jährlich 1200 Gulden Kreissteuern. Kaufbeuren war gezwungen, von seinen Bürgern immer neue Steuern und Umlagen zu erheben und mußte sich dann auch noch Geld leihen. Bald verschlangen die Zinsen zum großen Teil die jährlichen städtischen Einkünfte, die für die Jahre wirtschaftlicher Blüte auf ca. 6000 Gulden geschätzt werden.
So war es um die Geschicke nicht allzu gut bestellt, als 1618 der 30jährige Krieg begann. Zunächst blieb Kaufbeuren von den Kriegshandlungen verschont. Aber der Erfolg der katholischen Liga im ersten Kriegsjahrzehnt gab auch den Katholiken in Kaufbeuren wieder Mut, sich der evangelischen Vorherrschaft zu entledigen. Mit Hilfe Herzog Maximilians I. von Bayern und des Augsburger Bischofs änderte eine kaiserliche Kommission im März 1627 die konfessionelle Zusammensetzung des Stadtregimentes zu Gunsten der Katholiken und betrieb die Niederlassung der Jesuiten in Kaufbeuren. 1628 wurde dann die evangelische Kirche geschlossen, deren Stiftungsvermögen dem Rat der Stadt übergeben und die protestantischen Pfarrer aus der Stadt gewiesen. Die evangelischen Bürger forderte man auf, um des Seelenheils willen den katholischen Gottesdienst zu besuchen. Fast gleichzeitig mit dem Erlaß des kaiserlichen Restitutionsedikts 1629 wurde nun den Protestanten befohlen, entweder ihre Konfession zu wechseln oder aber auszuwandern. Bis zum September 1629 hatten dann 32 Bürger, die allesamt der Schicht der Patrizier angehörten, mit ihren Familien die Stadt verlassen. Für die Stadt, die im Vorjahr durch die Pest bereits 2000 Einwohner verloren hatte, war dies ein herber Verlust. Aber das sich wendende Kriegsglück ließ eine Rekatholisierung der Stadt nicht zu. Nach den siegreichen Schlachten von Breitenfeld (1631) und Rain am Lech (1632) waren die Schweden unter Gustav Adolf die Herren Süddeutschlands. Sie befahlen dem Rat der Stadt, die Vertriebenen zurückzuholen und die freie Ausübung der Augsburger Con-

fession wieder einzuführen. Ende Juni 1632 fand in Kaufbeuren wieder der erste protestantische Gottesdienst statt.

In den folgenden Jahren lösten sich die Besatzungen der miteinander Krieg führenden Parteien ab. Für die Bürger der Stadt bedeutete es bald keinen Unterschied mehr, ob es evangelische oder katholische Soldaten waren, die die Lebensmittel für Mensch und Vieh aufzehrten, den letzten Pfennig erpreßten oder die Bauern in den umliegenden Dörfern drangsalierten. 1646 zählte Kaufbeuren noch 200 Bürger, und es war in den letzten Kriegsjahren nur mehr der persönlichen Opferbereitschaft des Bürgermeisters David Eitel Laubers zu verdanken, daß die Stadt nicht völlig bankrott ging. Lauber setzte sich auch nachhaltig für den Erhalt der territorialen Unversehrtheit ein, doch wollte die Bürgerschaft seine Politik nicht mittragen und wählte ihn aus dem Amt. Verbittert zog sich Lauber nach Augsburg zurück. Der Magistrat verkaufte die obere Bleiche, eine seiner Haupteinnahmequellen, und zwei Spitalbauernhöfe in Hirschzell.

Mit dem Westfälischen Frieden 1648 waren zwar die Kriegshandlungen beendet, aber die Kontributionsgelder, die die abziehenden Heere verlangten, überforderten den leeren Stadtsäckel. Noch 1651 mußte der Stadtsyndicus von Lindau, Dr. Valentin Heider, persönlich für Kaufbeuren bei einem Nürnberger Kreditgeber für 8000 Gulden bürgen. Um die Stadtkasse wieder sanieren zu können, nahm man alle Stiftungen, gleich ob zweckgebunden oder nicht, in die Verwaltung und verwendete ihre Erträge dementsprechend. Die Insassen des Hospitals wurden damit schwer getroffen, schließlich nahm man ihnen damit ihre Versorgung weg. Erst 30 Jahre später wurden die Erträge der Stiftung wieder dem ursprünglichen Zweck zugeführt.

Die Bestimmungen des Westfälischen Friedens galten auch für die beiden Konfessionen, die in Kaufbeuren ihre innenpolitischen Ziele verfolgten: Die Protestanten strebten nach der Wiederherstellung „ihres“ Stadtregiments, die Katholiken wollten zumindest ihre paritätische Teilnahme daran sichern. Nachdem der Zustand des 1. Januars 1624 als verbindlich für die Besetzung der Ämter vorgeschrieben war, erhielten die Katholiken im Geheimen Rat einen Sitz, im Kleinen Rat vier, im Gericht und in der Gemeinde jeweils zwei Sitze. Damit war in etwa der konfessionellen Repräsentation Rechnung getragen, auch wenn sich das Verhältnis in den kommenden Jahrzehnten ständig zu Ungunsten der Protestanten verschob. Zählten noch 1645 80% der Einwohner der Stadt zum evangelischen Bekenntnis, so waren es im Jahre 1800 nur noch 51%. Trotz restriktiver Einwanderungspolitik des Magistrats gewannen die Katholiken aus dem Umland ständig Zuwachs, während sich bei den Protestanten das Gefühl, in der Diaspora zu leben, mehr und mehr verstärkte. Die Vermögensverteilung zwischen den Konfessionen blieb allerdings weitgehend stabil. Noch 1788 leisteten die Evangelischen bei einem Einwohneranteil von 60% ca. 71% des Gesamtsteueraufkommens der Stadt. Eine Ausnahmeregelung gegenüber den Bestimmungen des Normaljahres 1624 erreichten die Katholiken unter dem Beistand einer kurbayerischen Kommission mit der Rückkehr der Jesuiten 1652 in die Stadt. Durch die Errichtung des Jesuitenkollegs mit seinem Gymnasium erwuchs der städtisch-evangelischen Lateinschule eine ernstzunehmende Konkurrenz, und die barock-pompösen Theateraufführungen begeisterten nicht nur die Katholiken der Stadt.

Aber es war den Menschen in der Stadt nicht möglich, miteinander auszukommen, religiöse und soziale Gegensätze waren offensichtlich unüberwindbar. Und so stritt man sich: auf den Reichstagen, auf den Kreisversammlungen, vor dem Kaiser. 1677 erließ der Rat der Stadt die Verordnung „Von beyderley Glaubensverwandten friedlichen Betragung“, die aber wenig Erfolg hatte. Nach dem Ende des Spanischen Erbfolgekrieges griffen dann der Kaiser und befreundete Reichsstädte ein, bevor die Stadt völlig mit sich zerfiel. 1721 wurde durch eine kaiserliche Delegation die Trennung der religiösen Angelegenheiten durchgeführt. Die jeweiligen Ratsteile wählten ihre Pfarrer, Lehrer, Kirchen- und Schuldiener, die dann vom Gesamtmagistrat anerkannt wurden. Dennoch war damit dem Gegensatz noch kein Ende beschieden. Vor allem während des Siebenjährigen Krieges standen sich beide Konfessionen wieder kon-

Der neue Rathausanbau am Graben ist modern, aber nicht dominant

Gastlichkeit zur blauen Stunde – hier orientiert sich Kaufbeuren eher am Süden Europas

fliktreich gegenüber. Chronist Hörmann schreibt darüber, als er vom Friedensschluß von Hubertusburg in Sachsen am 15. Februar 1763 berichtet: „Den 24. (Februar) hat man in der evangelischen kirchen, diesen überall her kundgemachten frieden, auch von der Kanzel verkündet ... Denn anfänglich liefen die Catholischen stark in die (...) Kirche, wann die österreichischen Trouppen das Feld verlohren, um für die umgekommenen Soldaten gleich als für Märtyrer zu beten; und wenn die Kaiserlichen gegen die Preußen glücklich waren, zum Beyspiel, wie sie dieselben aus Böhmen vertrieben, so sparten sie zu den Freudenschüßen kein Pulver; sie haben sogar in Masquerade einmahl Preußens gefangene schwarze Husaren herumgeführt, wobey sie untereinander selbst in Thätlichkeiten gerathen. Am Matthias-Tag (Tag der Verkündung des Friedens, Anm. d. Vf.) hingegen waren die Catholischen ganz still und die Evangelischen machten sich mit Freudenschüßen und Trompeten den ganzen Tag biß in die spate Nacht hin wiederum so fröhlich, daß es bey den Catholischen beynahe eine Jalousie gegeben."
Dabei hätten die äußeren Umstände einen besseren Zusammenhalt der Bürger durchaus verdient. Die großen politischen Gegensätze in Europa zwischen den Bourbonen und den Habsburgern waren immer noch nicht ausgetragen. Das Reich kämpfte seit 1675 an der Westgrenze gegen die Expansion Frankreichs unter dem Sonnenkönig Ludwig XIV. und im Osten gegen die Eroberungen des osmanischen Reiches. 1683 wurde Wien belagert! Und als der Erbfall 1699 in Madrid eintrat, waren die Finanzen der Stadt durch Einquartierungskosten von 140000 Gulden, die in den Jahren 1689 bis 1702 angefallen waren, deutlich erschöpft. Die Besatzungen der kurbayerischen, französischen und kaiserlichen Truppen in den Jahren 1702–1704 brachten erneute finanzielle Belastungen mit sich. Schließlich mußte dafür die fast unglaubliche Summe von 227343 Gulden aufgebracht werden, was man nur noch durch Verkauf von Wald an das Kloster Steingaden bewerkstelligen konnte. So war man in Kaufbeuren durchaus froh, daß nach den Kaiserwahlen von 1705 und 1745 die neuen Monarchen auf eine persönliche Huldigung in der Stadt verzichteten. Hier wird nun auch ein Unterschied im politischen Denken in der Stadt deutlich gegenüber der Kaufbeurer Politik im 15. Jahrhundert. Der Westfälische Friede hatte den Aufbau des Alten Reiches so umgestaltet, daß die einzelnen Reichsstände die Politik untereinander fast wie Außenpolitik betreiben mußten. Aber in der historischen Entwicklung nahmen die alten freien Reichsstädte gegenüber den immer stärker werdenden Territorien im Spiel um die politische Macht nur mehr eine sehr bescheidene Rolle ein. Die Erfahrungen hatten den Verantwortlichen in den kleinen schwäbischen Territorien und Reichsstädten nachhaltig gezeigt, daß ohne Machtgrundlage politischer Ehrgeiz verderblich war. Das Heil lag in einem stillen, fast statischen politischen Leben innerhalb der alten Stadtmauern und innerhalb der althergebrachten und verehrungswürdigen Gesetze.
Die wirtschaftliche Entwicklung Kaufbeurens lag im 18. Jahrhundert im Bereich der Textilherstellung und des Textilvertriebs. Zählte noch vor dem 30jährigen Krieg die Zunft der Waffenschmiede und „Schwertfeger" zu den Exporteuren, so hatte die Verbreitung der Feuerwaffen damit bald ein Ende gemacht. Die Weber waren in der Weberzunft organisiert, die Qualität der Erzeugnisse wurde durch die Beschau der amtlichen Prüfer festgestellt. Diese Beschau war bei den Erzeugern gefürchtet, sicherte aber auch einen hohen Qualitätsstandard und damit den guten Ruf der Kaufbeurer Ware. Seit 1716 vertrieb eine Kaufbeurer Handelscompagnie aus Kaufleuten und Verlegern die Barchent- und Bombassinerzeugnisse, deren Absatz auf Jahrzehnte hindurch ziemlich auf der gleichen Höhe blieb. Gegen Mitte des Jahrhunderts war der Anteil der Stadtbevölkerung an der Textilherstellung so angestiegen, daß fast die Hälfte der Einwohner damit befaßt war und für Krisen im Tuchgewerbe anfällig wurde. Und Krisen gab es in diesem Wirtschaftsbereich genug, da seit 1762 nicht nur ein sich ändernder Publikumsgeschmack, sondern auch die Auswirkungen der ersten Welle der Industrialisierung die Bombassin- und Barchenterzeugung fast gegen Null sinken ließ. Gegen die billigen maschinell hergestellten Baumwollstoffe aber hatten die Kaufbeurer Weber kein wirksames Konkurrenzmittel in der Hand. Nur der Handel Kaufbeurens

erlebte im 18. Jahrhundert eine Blütezeit. Stark im Nord-Südhandel engagiert, versorgten die Handelsleute die Stadt mit allen lebensnotwendigen Gütern und stellten den täglichen Bedarf sicher. Der kapitalintensive Fernhandel aber blieb in den Händen der protestantischen Patrizierschicht.
Ein besonderer Wirtschaftsfaktor im 18. Jahrhundert, zumindest in dessen zweiter Hälfte, war für die Stadt Kaufbeuren die Verehrung der seligen Crescentia Höß. Die Bevölkerung verehrte Crescentia und wallfahrtete eifrig zu dem Frauenkloster. Es mag die konfessionelle Erbitterung in Kaufbeuren gut kennzeichnen, wenn der Spitalschreiber Widemann 1770 die Stimmung seiner evangelischen Mitbürger mit folgenden Worten darstellt: „Der Prophet David sagt: Meine Hülffe kommt vom Herrn, der Himmel und Erde gemacht hat. Crescentia hat nichts gemacht als Latwergen, Nonnenkräpflen und dergleichen in ihrem Closter."
Man darf dabei aber nicht übersehen, daß das Leben im 18. Jahrhundert in Kaufbeuren auch von der Aufklärung bestimmt wurde. Die Obrigkeit bemühte sich, die Bürger einem ordentlichen und vernünftigen Leben zuzuführen. So wurden unter rationalen Gesichtspunkten neue Vorschriften und Ordnungen über das Bau-, Forst- und Jagdwesen eingeführt. Der Arzt Dr. Georg Friedrich Gutermann, Vater der späteren Schriftstellerin Sophie von La Roche, ist Autor der vorbildlichen Hebammenordnung von 1737 und wirkte bei der Organisation der städtischen Wasserversorgung mit. In Zusammenarbeit mit den Kirchen und den Zünften baute die Stadt eine Armenversorgung auf, die nicht hinter anderen Reichsstädten zurückstehen mußte. Und 1784 erlebte noch das alte gotische Rathaus, daß unter der Aufsicht des Kanzleidirektors Wagenseil der erste Blitzableiter angebracht wurde.
Das 18. Jahrhundert insgesamt kann für Kaufbeuren als Zeit des Friedens gelten. Die französische Revolution, in Kaufbeuren zu Anfang genauso wenig beachtet wie in anderen Reichsstädten gleicher Größe, beendete das beschauliche Leben des ausgehenden Rokokos. Die Reaktion der Reichsstadt Kaufbeuren auf die Vorgänge in Frankreich setzte erst langsam ein. Lakonisch vermerkte der Chronist Wolfgang Ludwig Hörmann von Gutenberg in seiner „Chronica Kauffburensia" 1789: „In diesem Jahr ist die Revolution in Frankreich und zu Lüttich passiert. Im Kleinen auch zu Trier." Und für den Juli 1789 hielt er in der Chronik nur fest: „An dem gewöhnlichen Tänzeltag, dem 27. Juli, war es trüb Wetter. Der ganze Monat war kühl und hatte wenig angenehme Tage."
Im Herbst 1790 spürte man aber den Krieg schon deutlicher, den die Revolution hervorgerufen hatte. An Truppendurchmärschen und den gefürchteten Einquartierungen hatte die Stadt keinen Mangel. Am 1. März 1793 verabschiedete man das Kaufbeurer Truppenkontingent, das die Stadt der Reichsarmee beisteuern mußte. Denn das Reich befand sich seit dem 20. April 1792 mit Frankreich im Krieg. Im Dezember 1795 mußte Kaufbeuren 300 gefangene Franzosen aufnehmen und unterhalten, bis sie im Mai 1796 in Neu-Breisach bei einem Gefangenenaustausch wieder in ihre Heimat entlassen wurden. Und im Sommer dieses Jahres geriet die Stadt in helle Aufregung. Am 24. Juni hatte General Moreau die schwäbischen Kreistruppen geschlagen. Er ging über den Rhein, besetzte Baden und Württemberg und schickte sich an, nach Kurbayern vorzustoßen. Vor den republikanischen Truppen flohen Einheiten von französischen Emigrantensoldaten nach Oberschwaben. Am 9. und 10. Juli glaubte man in Kaufbeuren diese als Marodeure und Plünderer bekannten Kriegsleute nur noch wenige Stunden von der Stadt entfernt. So bot man das Landvolk zur Verteidigung auf, das sich mit Sensen, Streitkolben und Baumbuzern (Schäl- u. Haumesser, Anm. d. Verf.) rüstete. Zwei bürgerliche Hauptleute wurden bestellt. Rettenbach sei schon in Flammen aufgegangen, hieß es in der Stadt. Doch lassen wir den Chronist Wagenseil weiter berichten: „Allein man erfuhr bald, zur Schande einiger Herren in Kaufbeuren, die zu leichtgläubig waren und in jedem leuchtenden Nachtkäfer einen brennenden Pechkranz erblickten, daß alles nur blinder ohnnötiger Lärm und lächerliche Veranstaltungen gewesen, und blos einige Reiter in einem weit entfernten Ort mit Bauern Händel bekommen, wo es Schlägereyen, aber nichts weiteres gesetzt hatte."

Die Kaiser-Max-Straße: Seit über 700 Jahren hat der staufische Markt seine Funktion als städtisches Zentrum inne

Lassen wir die letzten Jahre des Alten Reiches zu Ende gehen. In den Friedensverträgen von Leoben und Campo Formio wurde vom Reich der Verlust der linksrheinischen Gebiete an Frankreich stillschweigend anerkannt. Außerdem diskutierte man seit dem Frieden von Basel 1795 immer wieder die Frage, wie auf Kosten der kleineren Reichsstände die Gebietsverluste der größeren wettgemacht werden könnten. Das Ende der Souveränität der kleinen Reichsstände zeichnete sich bereits am politischen Horizont ab.

Aufbruch aus bewegter Zeit. Die bayerische Stadt Kaufbeuren bis zum Ende des Zweiten Weltkrieges

Im März 1799 schickten sich England, Rußland, Österreich und das Reich an, im 2. Koalitionskrieg einen erneuten Waffengang mit dem revolutionären Frankreich zu wagen. An dessen Spitze stand nun der Konsul Napoleon Bonaparte. Aber nach den Schlachten von Marengo und Hohenlinden schlossen die Gegner am 9. Februar 1801 in Lunéville Frieden, dem der Reichstag am 7. März zustimmte. Da dieser Friedensschluß ziemlich direkte Auswirkungen auf die Geschichte Kaufbeurens hatte, soll die Entwicklung der nächsten Monate etwas genauer betrachtet werden.
Der ostschwäbische Raum und das Allgäu waren seit dem 17. Jahrhundert Schauplatz der Kontroverse zwischen Österreich, das in den Kaisern aus dem Hause Habsburg die Schirmherrn dieser Region stellte und Kurbayern, das zäh und unbeirrbar nach Westen expandieren wollte. Österreich verlor wegen seiner andauernden Niederlagen seit 1789 immer mehr an politischem Gewicht. Nach dem Regierungswechsel 1799 in München erwuchs ihm ein dynamischer und gefährlicher Gegenspieler: Der neue leitende Minister Graf Maximilian von Montgelas, der die nächsten 18 Jahre die Geschicke Bayerns leiten sollte. Montgelas hatte bereits 1796 ein Programm ausgearbeitet, in dem die Reform in den bisherigen wittelsbachischen Ländern wie auch die Eingliederung der zu erwartenden Neuerwerbungen festgelegt war. Der bayerische Expansionswille paßte nun sehr gut in die außenpolitischen Überlegungen Napoleons. Zusammen mit seinem Außenminister Talleyrand griff er eine alte politische Tradition Frankreichs wieder auf. Er beabsichtigte, die beiden deutschen Hegemonialmächte Österreich und Preußen mit einer dritten Kraft, gebildet aus einem Bund lebensfähiger mittelgroßer deutscher Staaten, zu neutralisieren. Berief sich nun Bayern bei diesen Verhandlungen in Paris auf die über 130 Jahre dauernden guten Beziehungen zu Frankreich, so bemühten Württemberg und Baden die Verwandtschaft ihrer Fürstenhäuser zum russischen Zaren Alexander I. Dieser wünschte eine territoriale Entschädigung der südwestdeutschen Fürsten So ließ sich dann Bayern im Vertrag mit Frankreich vom 24. August 1802 seine Entschädigungen bestätigen. Als im September 1802 sich jene Reichsdeputation in Regensburg versammelte, um die in Lunéville vereinbarten Umgestaltungen und Entschädigungen zu beraten, war die bayerische Regierung bereits damit beschäftigt, Tatsachen zu schaffen.
Mediatisierung und Säkularisation lagen dem viel zitierten Reichsdeputationshauptschluß zu Grunde. Davon waren vor allem die kleineren Territorien der Reichsstädte und der geistlichen Reichsstände betroffen, denen man den Status der Reichsunmittelbarkeit wegnahm und sie dem nächsten größeren Territorium unterstellte. Bei den geistlichen Gebieten am auch noch die Säkularisation hinzu, bei der die katholische Kirche ihr gesamtes Vermögen an den Staat verlor.
So ritten am 26. August 1802 gegen 10.00 Uhr vormittags der kurpfalzbayerische Commissär Baron von Lerchenfeld in Begleitung des Stadtpflegers von Mindelheim, Baron Wilhelm von Hertling mit einem kleinen Gefolge in Kaufbeuren ein. Man erinnere sich: Der Vertrag mit Frankreich war erst am 24. August abgeschlossen worden; die bayerischen Maßnahmen waren offensichtlich schon vorher geplant. Einer eiligst zusammengerufenen Deputation, bestehend aus Bürgermeister Christoph Daniel Walch, den Mitgliedern des inneren Rates Koch und Königmann und dem Stadtkanzleivorstand Christian Jakob

Wagenseil, übergaben die Bayern ein kurfürstliches Handschreiben. Darin nahm Kurfürst Max IV. Joseph von Bayern unter Hinweis auf die laufenden Verhandlungen und auf die daraus entspringenden Rechte die freie Reichsstadt Kaufbeuren samt ihrem Territorium provisorisch in Besitz. Außerdem kündigte der Kurfürst eine Besatzung bayerischer Truppen an, um die Stadt besser schützen zu können. Mit dem 1. September 1802 trete diese vorläufige Besitznahme der Stadt in Kraft, die Reichsunmittelbarkeit endete damit mit dem 31. August 1802. Die förmliche Aufnahme und Organisation in den bayerischen Staat werde etwas später stattfinden. Damit verabschiedete sich die bayerische Kommission und reiste nach Irsee und Kempten weiter, um diese ebenfalls in Besitz zu nehmen.
Die Führung der Kaufbeurer Stadtverwaltung war von diesem Vorgehen in seiner Schnelligkeit sehr überrascht. Für den 28. August 1802 wurde das Stadtregiment einberufen, und dessen Versammlung im Rathaus verlief ohne Zwischenfälle. Das Bewußtsein über die Aussichtslosigkeit der Verteidigung des alten Rechtsstatus mag bei manchen mit den Überlegungen eines zu erhoffenden Aufschwungs des Handels durch den Anschluß an das größere Bayern Hand in Hand gegangen sein. Als dann die Soldaten vom kurpfalzbayerischen Infanterieregiment Prinz Wilhelm in die Stadt kamen und hier einquartiert wurden, verlief alles relativ ruhig. Der Spitalbeamte Johann Christian King notierte dazu in seiner Chronik: „Die ganze Kauffbeuren'sche Bürgerschafft wurde durch die militärische Besitznahm und gegenwärtigen Vorgang ganz wie electrisirt; und doch hofft alles auf Verbesserungen im Staat, auch Beförderung des Commerces." Die offizielle Aufnahme Kaufbeurens in das Kurfürstentum Bayern fand dann am 2. Dezember 1802 statt: Der kurfürstliche Kommissär Paul Wilhelm von Werner nahm dem Rat der Stadt den Treueeid auf den neuen bayerischen Landesherrn ab. Er verpflichtete den bisherigen reichsstädtischen Magistrat als provisorischen kurbayerischen Rat. In der Zwischenzeit erfolgte die öffentliche Besitzergreifung: Unter Trommelwirbel und Trompetenklängen verkündete der Stadtgerichtsaktuar Johann von und zu Gutenberg unter Begleitung des Handknechtes und des Stadttürmers der Bevölkerung die Übernahme Kaufbeurens in das Kurfürstentum Bayern. Die Zeit als freie Reichsstadt war damit endgültig vorbei.
Wir sollten hier eine kurze Zwischenbetrachtung anstellen. Die Darstellung der letzten Jahrhunderte der Kaufbeurer Geschichte hatte als Ausgangspunkt das politisch eigenständige Handeln der freien Reichsstadt. Mit dem Anschluß an den bayerischen Staat verliert die Kaufbeurer Geschichte diese Dimension. Die Geschichte der Stadt ist nun in ihrem Ablauf in die Geschicke Bayerns miteingebunden, und die individuellen Züge ihrer Entwicklung sind wieder mehr im Bereich der Lokalhistorie angesiedelt.
Zunächst aber waren die Auswirkungen der neuen Staatszugehörigkeit zu bewältigen. Eine Folge war, daß Kaufbeurer Söhne in zunächst kurbayerischen, später dann in königlich-bayerischen Uniformen an den napoleonischen Kriegen dieser Epoche teilnahmen. Über die zukünftige Stellung Kaufbeurens wie der anderen ehemaligen schwäbischen Reichsstädte im bayerischen Staat entschied ein sogenannter Mediatisierungsplan. Unter Bezug auf Größe, Volkszahl, Handel und Gewerbe wurden zwei Klassen an Städten gebildet. Zur ersten Klasse gehörten Ulm, Dinkelsbühl, Kaufbeuren, Kempten, Memmingen und Nördlingen, denen damit – um mit heutigen Begriffen zu sprechen – in etwa der Status der Kreisfreiheit zugesprochen worden war. Am 10. August 1803 wurde dann ein Organisationsreskript in Kraft gesetzt, das die Stellung der ehemals freien Reichsstädte in Schwaben im Kurfürstentum Bayern regelte. Die Auswirkungen waren für die Städte einschneidend. So verlor Kaufbeuren wie die anderen Städte seinen über die eigentliche Stadtmarkung hinausreichenden Territorialbesitz, der nun vom Staat verwaltet wurde. Die Einkünfte aus den Aufschlägen auf Getreide, Brot, Mehl und Fleisch sowie aus den Bier- und Weinumlagen gingen an den Staat, der dafür die Belastungen aus den Militärlasten und Kreisumlagen aus der Staatskasse bezahlte. Der Stadt verblieben noch die Einkünfte aus ihrem Kämmereivermögen, aus den Aufnahmegebühren für Bürger und Beisassen, die Tor-, Brücken- und Pflastergelder und die Einnahmen aus der Zivilgerichtsbarkeit in der ersten Instanz. In der Stadtverwaltung wurde der alte reichsstädtische

Ein Renaissanceportal in der Kaiser-Max-Straße mit zeitloser Inschrift: Da Pacem Domine (Gib Frieden Herr)

Im Stadttheater Kaufbeurens wird die lange Theatertradition fortgesetzt

Rat durch einen vom Kurfürsten bestimmten Magistrat ausgetauscht, der nun das höchste Verwaltungsorgan der Stadtverwaltung darstellte. Zu ihm gehörten der Bürgermeister und fünf Magistratsräte; ein Stadtkassier, ein Rechtsaktuar und Ratsdiener unterstanden dem Magistrat direkt. Dem Magistrate übergeordnet war der Stadtkommissar, der vom Landesherren eingesetzt wurde und der die Aufsicht über die Stadtverwaltung führte. Dem Stadtkommissar war auch die neu installierte Polizeidirektion zugeteilt, die die alte Reichsstadtpolizei ablöste.
Der Stadtkommissär nahm damit eine bedeutende Stellung in der Stadt ein, aber mit seinem ersten kurbayerischen Stadtkommissär machte Kaufbeuren keine besonderen Erfahrungen. Michael von Weber entstammte einer einheimischen katholischen Bäckerfamilie. Seine Amtsauffassung und Politik überzeugte aber nicht die politisch führende evangelische Patrizierschicht. Weber, der stark geprägt vom aufklärerisch-rationalistischen Geist Montgelas' war, beschäftigte sich in seinen zahllosen Erlassen und Edikten mit dem Waschen in der Nacht, dem Baden im Freien, dem Eierfärben oder dem Wetterläuten. Bei seinem Bestreben jedoch, das Tänzelfest abzuschaffen, hatte sich Weber fast die gesamte Bürgerschaft zum Feind gemacht. Unter Führung des Bürgermeisters Christoph Daniel Walch und des Landrichters Metz von Kaufbeuren legte man Protest ein. Damit erreichte man nicht nur den Fortbestand des Tänzelfestes, sondern auch eine aufmerksamere Beobachtung der Tätigkeiten Webers durch seine Vorgesetzten.
Im Jahre 1808 wurde die Konstitution erlassen. Sie regelte zusammen mit dem „Gemeindeedikt“ für das ganze Königreich Bayern die Verwaltung seiner Städte und Gemeinden. Mit diesem Edikt wurde in Bayern den Gemeinden der letzte Rest der kommunalen Selbstverwaltung genommen. Jede städtische Verwaltungsmaßnahme mußte zunächst vom Innenministerium genehmigt werden. In der Praxis war dieses System natürlich undurchführbar, aber für Kaufbeuren brachte die Verkündigung des Gemeindeedikts immerhin die Ablösung des Stadtkommissärs Weber. Seine Aufgaben wurden von nun an vom Landrichter ausgeübt.
In ganz Bayern hatte sich inzwischen herausgestellt, daß die zentralistischen Bestimmungen von 1808 in der Praxis nicht durchzuführen waren. So wurde in dem Gemeindeedikt vom 17. Mai 1818 für das ganze rechtsrheinische Bayern den Gemeinden wieder in großem Umfang ein eigener Wirkungskreis zugestanden. Vor allen Dingen legte man die Verwaltung ihres Vermögens und des Stiftungsvermögens wieder in ihre Hände und gestand ihnen eine eigene Ortspolizei zu. Das Gemeindeedikt unterschied die Städte nach ihrer Größe in drei Klassen; Kaufbeuren kam in die II. Klasse mit 1500–2000 Familien und unterstand dem zuständigen Landgericht. Die Städte der I. Klasse besaßen ein eigenes Stadtkommissariat, das direkt der Kreisregierung verantwortlich war. Bereits am 1. Februar 1828 hatte es Kaufbeuren geschafft, in diese Kategorie aufzusteigen. Eine erhebliche Änderung in der inneren Verwaltung brachte das Gemeindeedikt bezüglich der Mitwirkung der Bürgerschaft, die nun aus ihrer Mitte über Wahlmänner das Gremium der Gemeindebevollmächtigten wählte. In Kaufbeuren bestand dieses Gremium aus 24 Bevollmächtigten, die nun dem Gesetz gemäß den Magistrat mit dem Bürgermeister an der Spitze bestimmten. In Kaufbeuren bestand der Magistrat aus einem Bürgermeister, einem rechtskundigen Magistratsrat, einem Magistratsschreiber und acht Magistratsräten. In ihrem Verhältnis zueinander lassen sich das Gremium der Gemeindebevollmächtigten und der Magistrat am besten mit dem heutigen Verhältnis von Stadtrat und Stadtverwaltung beschreiben. Dieser Aufbau der Verwaltung war in Kaufbeuren wie in den anderen bayerischen Städten bis zum Jahr 1918/1919 gültig.
Ein Problem war für Kaufbeuren damals die Schuldenlast. Zwar hatte das Königreich bei der Eingliederung der Stadt auch deren Schulden mit übernommen, aber die napoleonischen Kriege waren einem Schuldenabbau immer im Wege gestanden. Doch die Verringerung der Schulden war für den bayerischen Staat ein wichtiges Ziel und auf ausgeglichene Haushalte hofften nicht nur die Bürger. Man suchte dem Problem mit der Gründung einer Schuldentilgungskommission zu begegnen. Den Städten wurde angebo-

ten, daß nach Tilgung von zwei Dritteln der Schulden die Regierung das verbliebene Drittel in vier Quartalen bezahlen wollte. Die Mittel für diese Schuldenfonds sollten unter anderem auch durch den Verkauf von Liegenschaften beigebracht werden.

Bereits 1804 begann man in Kaufbeuren mit dem Verkauf von Liegenschaften. Man wollte die Bleichgebäude, den Ziegelstadel, den Salzstadel, das Syndicatsgebäude, aber auch das Kornhaus, die Stadtmauer samt Gräben, Türmen und Toren und folgende Kirchen verkaufen: Die Kirche des Hospitals, St. Michael in der Stadt, St. Michael auf dem Feld, St. Leonhard, St. Sebastian und Unsere Liebe Frau. Für uns Heutige haben diese Veräußerungen etwas Unwiederbringliches an sich, aber für die Zeitgenossen wurden mehrere Fliegen mit einer Klappe geschlagen: Die im Unterhalt zum Teil sehr teuren Gebäude belasteten das Stadtsäckel nach ihrem Verkauf nicht mehr, und zum anderen war der drückende Schuldenberg kleiner geworden.

Für die erste Hälfte des 19. Jahrhunderts besitzt die Stadt Kaufbeuren ein einzigartiges Dokument: die Schropp-Chronik. Diese Chronik wurde vom Kaufbeurer Konditormeister Andreas Schropp angefertigt. Ihre Eigentümlichkeit besteht darin, daß Schropp alle Ereignisse, die sich in Kaufbeuren bis 1851 abspielten, in Aquarellen festhielt und zu diesen Bildern dann noch erläuternde Texte verfaßte. Die insgesamt 292 Bilder hat er in einem Band zusammengebunden. Ein Blättern in dieser Chronik führt uns in jene Jahre zurück, als sich das Gesicht der Stadt zu wandeln begann und die Stadt langsam jene Züge annahm, die uns heute als „Alt-Kaufbeuren“ so vertraut sind. Die Bilder Schropps zeigen uns das langsame Wachsen der Stadt über den alten, zum Teil schon abgebrochenen Mauerring hinaus. Im Süden der Stadt entstehen die ersten Wohnhäuser und Villen in den damals noch bestehenden Gärten. Zu sehen ist, wie an der Straße nach Füssen das königlich-bayerische Landgerichtsgebäude gebaut wird, und in seiner Nachbarschaft erkennen wir das damals „Fronveste“ genannte Gefängnis, das der Volksmund heute liebevoll als „Café Quadrat“ bezeichnet. Wir können auch nachempfinden, wie die Kaufbeurer mit ihren Kindern durch den Triumphbogen spazieren, den die Stadt anläßlich des Besuchs des Königspaares am 4. September 1829 errichtet hatte und wie sie vorsichtig zwischen dem auf dem Straßenpflaster aus- und aufgestellten irdenen Geschirr am Hafenmarkt mit verhaltener Kaufabsicht auf- und abgehen. Man meint, das leibhaftige Biedermeierzeitalter atmet in diesen Bildern. Doch zeigt Schropp auch in Abbildungen von 1848 und 1849, daß neben den weiß-blauen bayerischen Fahnen auch schon das Schwarz-Rot-Gold des zur politischen Verantwortung strebenden deutschen Bürgertums in Kaufbeuren aufgesteckt worden ist.

Tiefgreifender für die weitere Entwicklung der Stadt waren in diesen Jahrzehnten die wirtschaftlichen Veränderungen. Durch die Angliederung an Bayern wurde das aus dem Mittelalter stammende Zunftwesen einer Reform unterworfen, 1825 wandelten sich die Zünfte in Gewerbevereine und 1868 wurde mit der Verkündung der allgemeinen Gewerbefreiheit der überkommene Zunft- und Innungszwang abgeschafft. Hatten nun die Kriege Napoleons durch ihre verstärkte Nachfrage den Rückgang der traditionellen Textilherstellung in Kaufbeuren verzögert, so traf die Aufhebung der Kontinentalsperre das bisher Kaufbeuren prägende Weberhandwerk schwer. Die Zahl der Weber sank auf ganze 65 im Jahre 1825, während 1789 noch etwa 400 in der Stadt gezählt wurden. Gegen die nun auf dem europäischen Markt überlegen auftretende englische Textilindustrie waren die noch traditionell mit der Hand arbeitenden Kaufbeurer Weber hoffnungslos im Rückstand. Zwei Beispiele aber zeigen, daß den Kaufbeurern auch in wirtschaftlich schlechten Zeiten der Mut nicht sinkt. Der Großhändler Johann Melchior Elch aus Kaufbeuren war es, der zusammen mit anderen Handelsherren die Idee des deutschen Zollvereins entwickelte, die Friedrich List dann in die Tat umsetzte. Und 1839 gründeten die Großhändler Heinzelmann, Wagenseil und Schrader zusammen mit dem Kemptener Bankhaus Opitz die erste mechanische Baumwollspinnerei im Allgäu. Sie brachte zahlreichen Webern der Stadt Arbeit und Brot. 1850 wurde der Betrieb durch

Der Hafenmarkt im Schmuck für das Tänzelfest

Bald wird auch „am Plärrer“ die Hektik des Verkehrs einsetzen

eine mechanische Weberei vergrößert. Übrigens – das Unternehmen besteht heute noch und ist ein wesentlicher Bestandteil des Kaufbeurer Wirtschaftslebens.

Einen weiteren Impuls für die wirtschaftliche Entwicklung Kaufbeurens brachte der Eisenbahnbau und der Anschluß der Stadt an die damals sogenannte Ludwigs-Nord-Süd-Bahn. Das Teilstück Augsburg–Kaufbeuren war 1847 fertiggestellt. Diesem Bau, der bereits 1843 vom bayerischen Landtag grundsätzlich beschlossen worden war, gingen erhebliche Diskussionen über den Streckenverlauf voraus. Besonders mit Memmingen konkurrierte Kaufbeuren bei der bayerischen Staatsregierung. Und hatte der Rat der Stadt noch 1762 eine Verbesserung des Straßennetzes auf seine Kosten abgelehnt, weil Kaufbeuren noch nie an einer Hauptstraße gelegen habe und dies auch in Zukunft nicht wolle, machte die Stadt jetzt beim Münchener Ministerium Nägel mit Köpfen: Sie verwies auf ein Gutachten der bayerischen Handelskammer von König Ludwig I. in Auftrag gegeben, das sich für die Streckenführung über Kaufbeuren aussprach, und sie garantierte im Bedarfsfall für die Fortführung des Baus einen Zuschuß von 100 000 Gulden. Für die mechanische Baumwollspinnerei bedeutete der Eisenbahnanschluß eine erhebliche Erleichterung. Der benötigte Rohstoff Baumwolle konnte nun aus Augsburg viel kostengünstiger bezogen werden. Die Verkehrsanbindung Kaufbeurens durch die Eisenbahn trug erheblich zur wirtschaftlichen Blüte bei. Einige Zahlen mögen uns das verdeutlichen: Als Kaufbeuren bayerisch wurde, betrug die Bevölkerungszahl insgesamt 4109 Einwohner. 1841 war diese Zahl geringfügig auf 4010 Einwohner gesunken. Im Jahre 1852, in dem die Schienenverbindung Kaufbeuren–Kempten fertiggestellt worden war, stieg die Einwohnerzahl auf 4274.

Die großen politischen Veränderungen dieser Zeit gingen aber auch an Kaufbeuren nicht unbemerkt vorüber. Hatten die Wiener Verträge von 1816 und die Wiener Schlußakte von 1820 den deutschen Staaten außenpolitische Ruhe und Sicherheit gegeben, so empfanden viele Bürger die von den meisten Staaten des Deutschen Bundes betriebene Restaurationspolitik als antiquiert und überholt, da sie die gesellschaftlichen Veränderungen seit der französischen Revolution negierte.

Das Bürgertum aber gewann in der ersten Hälfte des 19. Jahrhunderts durch die fortschreitende Industrialisierung zunehmend an wirtschaftlicher Bedeutung. Es suchte analog dazu auch eine Beteiligung am politischen Geschehen, von der aber die staatliche Obrigkeit in der Regel nichts wissen wollte.

Ausgelöst von den revolutionären Ereignissen in Paris im Februar 1848, als das Königtum unter Bürgerkönig Louis Philipp sang- und klanglos von der republikanischen Staatsform abgelöst worden war, drängte der Unmut und die Unzufriedenheit auch in der bayerischen Haupt- und Residenzstadt München die Menschen auf die Straße. Hier kam noch hinzu, daß König Ludwig I. seit 1846 in eine Affäre mit Lola Montez verstrickt war. Dieser, eher dem Hof denn der Staatspolitik zugehörige Konflikt wurde mit den staatspolitischen Vorgängen vermischt. In Kaufbeuren herrschte in diesem aufgeregten Frühjahr Ruhe. Der liberale Rechtsanwalt Dr. Meinrad Barth trat am Ostersonntag, dem 23. April 1848, mit einem Wahlflugblatt an die Kaufbeurer Öffentlichkeit. Er empfahl sich als Kandidat für die Nationalversammlung in der Frankfurter Paulskirche und wurde am 30. April auch gewählt. Die Reformpolitik der neuen bayerischen Staatsregierung unter dem eher liberal gesinnten König Maximilian II., der am 20. 3. 1848 den Thron bestiegen hatte, entspannte die Atmosphäre. Die meisten innerbayerischen Streitpunkte wie Pressefreiheit, Wahlrechtsreform, Beseitigung der Grundherrschaft waren aus einer sich zunehmend erhitzenden öffentlichen politischen Diskussion herausgenommen worden. Die Frage nach der Annahme der in Frankfurt beschlossenen Reichsverfassung führte dann in Bayern zur Gründung der Volksvereine, die man als Vorläufer der heutigen Parteien ansehen kann. Als am 9. April 1849 ein Volksverein in Kaufbeuren gegründet wurde, setzte er sich für die Einheit Deutschlands und die Annahme der Verfassung durch das Königreich Bayern ein. Nachdem aber die bayerische Regierung am 23. April 1849 die Frankfurter Reichsverfassung und die Grundrechte nicht anerkannte, kämpften die Allgäuer Volksvereine um

deren Durchsetzung im Königreich Bayern. Sie versammelten sich am 6. Mai 1849 in Kempten, für Sonntag, den 13. Mai 1848 berief der Volksverein Kaufbeuren eine Versammlung im Gasthof „Zum Hirsch“ ein, die dann aber auf Grund des schönen Wetters im Tänzelhölzchen stattfand. Vom Kaufbeurer Buchbinder Giliard wurde der Verfassungstext des Deutschen Reiches verbreitet, während die lokale Konkurrenz die „Deutschen Grundrechte“ in einer kommentierten Fassung für „unstudierte und nicht belesene Leute“ anbot. Die Versammlung selbst verlief ruhig, wobei einem Augenzeugen auffiel, daß alle Redner ihren Hut aufbehielten. Der Inhalt der Reden ist uns nicht überliefert, sondern ein Chronist bemerkte nur, daß sich alle den Absichten der Nationalversammlung in Frankfurt anschlossen. Zwar lud der Volksverein nach dieser Versammlung noch zweimal zu Zusammenkünften ein, doch fiel der Verein dann der vom Militär im Juli 1849 erzwungenen Auflösung zum Opfer. Damit waren die Tage der versuchten bürgerlichen Revolution in Kaufbeuren vorüber. Dabei fällt auf, daß sich in Kaufbeuren während dieser Zeiten niemand für die bestehende Monarchie des bayerischen Staates öffentlich einsetzte. Die Gegner von Thron und Regierung waren hauptsächlich im Offizierskorps der Kaufbeurer Landwehr zu finden.
Die nun folgenden Ereignisse der Geschichte der ersten deutschen Einigung berührten Kaufbeuren nur am Rande. Den Teilnehmern des Feldzuges von 1866 aus Kaufbeuren setzte man in der Stadt kein Denkmal. Der Kriegsausgang war wohl nicht so, wie man das erhofft hatte, und die damals nationale Stimmung konnte sich an den bayerisch-preußischen Auseinandersetzungen nicht so recht entzünden. Aber im Sommer 1870 war das anders: Mit einem Extrablatt vom Sonntag, dem 17. Juli 1870, wird den Kaufbeurern die Mobilmachung der bayerischen Armee gegen Frankreich bekanntgegeben. Im Gegensatz zu 1866, als die Kaufbeurer Zeitung gemäß der Weisung der Kreisregierung von Augsburg nicht über den Feldzug berichten durfte, füllen jetzt die telegraphischen Berichte über die deutschen Siege regelmäßig die Zeitungsseiten. Als der Krieg ein gutes halbes Jahr später zu Ende gegangen ist, ist Kaufbeuren eine kleine Stadt in einem neuen großen Reich. Die ganz großen Entscheidungen über das Schicksal der Kaufbeurer fallen jetzt nicht mehr in München, sondern in Berlin. Aber die nationale Begeisterung machte natürlich auch vor den Kaufbeurern nicht halt. Die 60 Mann des 9. Landwehrbataillons, die am 24. März 1871 vom Feldzug zurückkehrten, wurden von der gesamten städtischen Prominenz und von Ehrenjungfrauen empfangen und am Abend im Gasthof Sonne bewirtet. Siege wie der zu Sedan wurden damals in ganz Deutschland mit Denkmälern verewigt. Kaufbeuren machte keine Ausnahme. 1873 wurde zum Jahrestag (2. September) auf dem Platz vor dem ehemaligen Rennweger Tor eine allegorische Germania enthüllt, ein Werk des Bildhauers Bayrer aus München. Diese Figur ist noch heute im Hof des städtischen Museums zu sehen und mit ihrem gesenkten Schwert mag sie als Sinnbild des eher auf Friedenssicherung bedachten Deutschen Reiches unter Bismarck gelten. Ihr Denkmalsnachfolger wurde 1911, als man glaubte, die Germania harmoniere „nicht mehr mit der vollständig geänderten Umgebung“, ein nackter Mann mit Helm und Schwert, der im Volksmund auch heute noch so bezeichnet wird. Fragen nach dem Krieger- und Friedensdenkmal stoßen heute meist auf Verständnislosigkeit, den „Nackten Mann“ aber kennt in Kaufbeuren (fast) jeder.
Mit der Trennung von Justiz und Verwaltung auf der untersten Ebene war in Kaufbeuren das Landgericht älterer Ordnung verschwunden. Die Institutionen des Bezirksamts für die Verwaltung und des Amtsgerichtes für die Jurisdiktion hatten seine Nachfolge angetreten. Die Stellung als kreisfreie Stadt, die auf gleicher Ebene wie das Bezirksamt stand, blieb Kaufbeuren erhalten. Aber jede Stadt mit diesem Status wurde jetzt vom Gesetz verpflichtet, für jedes Jahr einen gedruckten Rechenschafts- oder Verwaltungsbericht zu veröffentlichen, der für den Fortgang der städtischen Geschichte eine außerordentlich ergiebige Quelle darstellt. Ein erster Blick auf die Einwohnerzahl in der zweiten Hälfte des 19. Jahrhunderts macht eine erstaunliche Entwicklung deutlich: Zählte die Stadt 1852 noch 4274 Einwohner, so hatte sich diese Zahl mit 8361 Einwohnern im Jahre 1900 fast verdoppelt. Die Verwaltungsberichte illustrieren

Das Relief im Erker weist auf das ehemalig gegenüber stehende Kemptnertor hin

Aus der Vogelperspektive läßt sich der Verlauf der Stadtmauer von St. Blasius zum Zollhäuschen gut erkennen

diese Entwicklung und lassen uns nachlesend zu Zeugen werden, wie in Kaufbeuren 1872 die metrischen Maße und Gewichte und 1876 die neue Reichswährung in Mark und Pfennig eingeführt wurden. 1894/95 wurde eine städtische Hochdruck-Wasserleitung von Oberbeuren nach Kaufbeuren gebaut, weil das alte Leitungsnetz aus dem Jahre 1870 den Bedürfnissen nicht mehr genügte. 1910 erläßt der Magistrat eine Gebührenordnung für amtliche Bescheinigungen über die Zulassung von Kraftfahrzeugen „zum Verkehr auf öffentlichen Straßen, Wegen und Plätzen". Im Zuge der Gesundheitsvorsorge für die Bürger der Stadt werden seit dem 1. Oktober 1905 in der kälteren Jahreszeit in Kaufbeuren Seefischmärkte abgehalten, um den „minderbemittelten Bevölkerungsschichten die Beschaffung von Fleischnahrung" zu ermöglichen.
Einzelne Begebenheiten dieser Art ließen sich noch in erheblicher Zahl aneinanderreihen. Sie alle ergeben zusammengesetzt das Bild einer prosperierenden, am technischen Fortschritte maßvoll teilnehmenden kleineren Stadt, die sich jedoch nach wie vor eines ungebrochenen Wachstums erfreute. Nicht nur die bereits angeführten Verwaltungsberichte bestätigen das, sondern auch die großen Bauten, die in jenen Jahrzehnten von der Stadt erstellt worden sind: 1879–1881 an der Stelle des alten gotischen Rathauses ein neuer Rathausbau, für den Georg von Hauberrisser verantwortlich zeichnete, 1897–1899 der Stadtsaal, 1907–1909 das Progymnasium mit anschließender Turnhalle in der Prinzregentenstraße. Außerdem wurden in diesen Jahren in fast ganz Kaufbeuren die Straßen gepflastert, und 1912 entschloß sich der Magistrat, eine Neuvermessung des Stadtgebietes durchführen zu lassen und eine Umnumerierung der Häuser vorzunehmen. Bis zu diesem Zeitpunkt galt noch das mittelalterliche System, das in der Montgelas-Zeit durch die Einteilung in Stadtviertel modifiziert worden war.
Am 15. August 1908 hatte der bayerische Landtag ein neues Gemeindewahlgesetz beschlossen, das die Rolle der Parteien zum ersten Mal berücksichtigte. Die daraufhin im Dezember durchgeführten Kommunalwahlen erbrachten neben der Bestätigung des Bürgermeisters Carl Stumpf im Amte folgende Zusammensetzung im Magistrat: 7 Liberale und 1 Mitglied von der Zentrumspartei. Das Gremium der Gemeindebevollmächtigten setzte sich aus 15 Liberalen und 9 Bürgern aus dem Zentrum zusammen. In der Kaufbeurer Stadtpolitik hatten damals im Gegensatz zu den Mehrheitsverhältnissen im bayerischen Landtag die Liberalen eindeutig die Mehrheit.
Aus dieser Zeit vor dem Ersten Weltkrieg sollen noch zwei Ereignisse herausgegriffen werden, die bis in unsere Gegenwart hereinreichen. 1890 wurde am rechten Ufer des Jordanbaches zwischen Bahnhof und Stadt ein Eisplatz zum Schlittschuhlaufen und für die Eisschützen eingerichtet. An der vermutlich gleichen Stelle steht heute das Kaufbeurer Eisstadion, in dem der traditionsreiche Eishockeyverein der Stadt regelmäßig seinen Anhängern Grund zum Jubel oder zur Verzweiflung gibt. Das andere Ereignis mag unscheinbarer klingen, hat aber Auswirkungen weit über Kaufbeuren hinaus gezeitigt. Im Mai 1899 erschien eine Publikation des damaligen Seelsorgers der Kreisirrenanstalt Kaufbeuren, Christian Frank. Das erste Heft beinhaltete Berichte, Skizzen, Bilder und Erzählungen aus und über die Heimat. Dies war der Beginn der Publikationsserie der „Deutschen Gaue". Später wurde Christian Frank als „Kurat Frank" im ganzen deutschen Sprachraum bekannt. Er widmete sich, angeregt von seinem Lehrer Wilhelm Heinrich Riehl an der Universität München, – ohne seine seelsorgerischen Pflichten zu vernachlässigen! – dem Aufbau und der Verbreitung der wissenschaftlichen Heimatforschung. Wenn heute im ganzen Freistaat Bayern wie selbstverständlich die zahlreichen Heimatpfleger und Heimatpflegerinnen ihrer Arbeit nachgehen, so ist dies ein Verdienst des in Kaufbeuren tätigen Christian Frank. Sein Lebenswerk wurde nach seinem Tode 1942 in eine Stiftung umgewandelt, die noch heute in Kaufbeuren besteht.
Als am 28. Juni 1914 das Attentat auf den österreichischen Thronfolger auf dem europäischen Kontinent langsam die Lichter verlöschen ließ, war das damals in Deutschland, in Bayern und in Kaufbeuren freilich niemandem bewußt. Noch heute kann man bei einer Vielzahl von Historikern ein staunendes Erschrecken über die Kriegsbegeisterung vom Sommer 1914 nachlesen, und Kaufbeuren machte dabei keine

Ausnahme. Zwar berichtet ein Stimmungsbild des Kaufbeurer Anzeigeblattes vom 3. August 1914 von „ernsten Gesichtern" und „feuchten Augen", von großer Aufregung und verspäteten Zügen. Der Satz „Still wirds nun in unserem lieben Städtchen; manch fröhliches Gesicht wird uns fehlen" wirkt wie eine unbewußte Prophezeiung. Die oft geschilderte „Aufbruchstimmung" hielt in Kaufbeuren noch für den Rest des Jahres an. Sie äußerte sich auch bei den Gemeindewahlen im Dezember 1914, als sich Liberale, das Zentrum und die Kaufbeurer SPD auf eine gemeinsame Vorschlagsliste einigten. Für die Dauer des Krieges zeigten sich in Kaufbeuren wie anderswo Ermüdungserscheinungen. Darüber konnte auch die große Nagelaktion, die von Anfang Mai bis Mitte September 1917 im Rahmen eines staatlichen Rüstungsprogrammes durchgeführt wurde, nicht hinweghelfen. Deren hölzernes Wahrzeichen ist noch heute am Fünfknopfturm zu sehen. Durch die Lage in einer landwirtschaftlich geprägten Region und die vielfältigen Beziehungen der Bürger zur Landbevölkerung galt Kaufbeuren den ganzen Krieg hindurch als „gut" versorgte Stadt. Das ist auch der Grund, warum sich in Kaufbeuren in den letzten Kriegsmonaten keine revolutionäre Stimmung entwickelte. Dies wurde sicher auch durch das Fehlen von großen Rüstungsindustrien in Kaufbeuren begünstigt.
Die revolutionären Ereignisse, die in München seit dem 7. November 1918 die Herrschaft der Wittelsbacher beendeten, griffen von dort aus auch auf Kaufbeuren über. Als die Nachricht über die Revolution am 8. November den Kaufbeurer Magistrat während einer Sitzung erreichte, reagierte das Gremium in einer für ganz Kaufbeuren während der Revolution typischen Weise: Zusammen mit den Vorsitzenden der örtlichen SPD und des freien Gewerkschaftskartells verfaßte und unterzeichnete der Magistrat einen Aufruf an die Bürger. Er wurde am 9. November publiziert und rief zu Ruhe und Ordnung auf, um die Lebensmittelversorgung der Stadt nicht zu gefährden. Diese besonnene Haltung zieht sich wie ein roter Faden durch die Revolutionsereignisse in Kaufbeuren. Dabei blickte man in der Stadt mit einer gewissen Besorgnis nach Süden zur nahen Grenze, da man den Einmarsch von italienischen Truppen fürchtete. Die Einzelheiten der Kaufbeurer Revolutionstage brauchen hier nicht erzählt werden. Erwähnt werden muß, daß der damalige Erste Bürgermeister der Stadt, Dr. Georg Volkhardt, zusammen mit zwei Mitgliedern des Gemeindekollegiums bereits am 11. November 1918 in den neu gebildeten Arbeiter-, Soldaten- und Bauernrat aufgenommen wurden. Dieser Rat arbeitete eng mit der Stadtverwaltung zusammen und kann durchaus als eine revolutionäre Institution gelten; er hatte auch veranlaßt, daß am 10. November 1918 auf dem Kaufbeurer Rathaus die rote Fahne aufgezogen wurde. Richtig aufregend in Kaufbeuren wurde es dann erst am 16. Mai 1919, als Einheiten des Freikorps Schwaben die Stadt überraschend besetzten und den Vorsitzenden des Arbeitsrats Wilhelm Rasig wegen Verdacht des Hochverrats verhafteten. Als sich Bürgermeister Dr. Volkhardt gegen das Vorgehen der Truppen beschwerte, wurde er kurzer Hand ebenfalls verhaftet. Daraufhin mußten die Mitglieder der Kaufbeurer Stadtverwaltung und des Magistrats, die eilig ins Rathaus gerufen worden waren, viel Überzeugungsarbeit bei den Militärs leisten, bis diese einsahen, daß in der Stadt nicht das Chaos, sondern Ruhe und Ordnung herrschten und Kaufbeuren loyal auf seiten der Regierung Hoffmann stünde. Ohne einen Schuß war damit für Kaufbeuren die Revolution zu Ende gegangen.

Die Auswirkungen der neuen Staatsform der Republik waren auch hier zu spüren. Das Gemeindewahlgesetz vom 16. 4. 1919 berücksichtigte die Prinzipien der Volkssouveränität und der Selbstbestimmung. An die Stelle der beiden Gemeindekollegien des Magistrats und der Gemeindebevollmächtigten tritt nun der Stadtrat. Er wird von allen Einwohnern der Stadt, die seit mindestens 6 Monaten in ihr leben, nach dem Verhältniswahlrecht in freier, geheimer und direkter Wahl bestimmt. Der Bürgermeister wird nun nicht mehr auf Lebenszeit, sondern auf Zeit von allen Wahlberechtigten der Stadt gewählt; ihm werden ein oder zwei Vertreter beigeordnet. Die Wahlperiode wurde auf fünf Jahre festgelegt.
Schon am 15. Juni 1919 wurden in Kaufbeuren Stadtratswahlen abgehalten, bei denen die SPD sieben, die

Der Wehrturm an der Nord-West-Ecke der Stadtmauer wird oft für den Kirchturm von St. Blasius gehalten

Brauereien waren von jeher in Kaufbeuren ein wichtiger Wirtschaftsfaktor

Deutsch-demokratische Partei vier und die Bayerische Volkspartei acht Mandate errangen. Dr. Volkhardt wurde als Bürgermeister bestätigt, Josef Kraisy war der Zweite Bürgermeister und Januar Braig der Dritte Bürgermeister. Am 20. Juni 1919 trat der neugewählte Stadtrat zusammen. Bürgermeister Dr. Volkhardt verglich in seiner einführenden Rede die Gegenwart und ihre Probleme mit der Zeit nach dem 30jährigen Krieg, wobei er den in den Wahlen zum Ausdruck gekommenen Volkswillen als das oberste Gesetz bezeichnete (wörtlich sagte er: „Voluntas populi suprema lex esto!“) und die Stadträte zu einer verantwortungsvollen und sachlichen Arbeit einlud. Danach bildete der Stadtrat zu Vorberatungen insgesamt vier Ausschüsse (Verwaltungs- und Finanzausschuß, Schul- und Kulturausschuß, Handel- und Gewerbeausschuß und den Bau- und Werkausschuß) und behandelte noch verschiedene Einzelheiten. Das Protokoll vermerkt dann zum Abschluß: „Nach Erledigung der Tagesordnung verbreitete sich Frau Stadtrat Baldauf in längerer Ausführung über den Einzug der Frau in die Parlamente und über das Zusammenarbeiten darin, die Frauenbewegung und die Aufgabe der Frau im öffentlichen Leben.“ Das Frauenwahlrecht war zu diesem Zeitpunkt noch kein halbes Jahr alt und seiner Herkunft nach ein ausgesprochen revolutionäres Recht.

Die Inflation, die nach dem verlorenen Krieg kräftig gestiegen ist, nötigt die Stadtverwaltung immer öfter gegen Preistreiberei, gegen Schwarz- und Zwischenhandel einzuschreiten. Der Lebensmittelausschuß, den noch der königlich-bayerische Magistrat am 7. August 1917 ins Leben gerufen hat, wird vom Stadtrat übernommen und amtiert bis zum 16. Oktober 1923, da an diesem Tag die öffentliche Getreide- und Brotbewirtschaftung ein Ende findet. Das Gewerbe unterstützte die Stadt mit einer Hilfskasse für Gewerbetreibende, die am 4. April 1919 gegründet und mit 30000,– RM fundiert, in der Regel Darlehen bis zu 2000,– RM zu einem Zins von 2% vergab. Bis zum Jahre 1925 wurden aus dieser Kasse insgesamt 27 Kredite in einer Gesamthöhe von 50000,– RM vergeben.

Am 15. 11. 1923 wurde die Währung auf die Rentenmark umgestellt. Der Stadtrat mußte in seiner Sitzung am 17. 11. 1923 feststellen: Die städtischen Stiftungen hatten unter der Inflation arg gelitten. Die Einführung der Rentenmark ging nicht so zügig voran, wie man sich das gewünscht hätte. So zahlte die Spinnerei und Weberei Momm in Kaufbeuren ihre Arbeiter und Arbeiterinnen noch im November 1923 mit einer eigenen Firmenwährung aus, der der US-Dollar als Rechnungseinheit zugrunde lag. Das Rentenmarkverfahren wurde bei der städtischen Sparkasse am 1. Januar 1924 eingeführt.

Die zwanziger Jahre waren für Kaufbeuren Zeiten der Neuerungen. Leider wird es an dieser Stelle unmöglich sein, all die Veränderungen aufzuzeigen, aber einige wenige sollen doch herausgegriffen werden. So wurde am 17. Februar 1923 die Lokalbahn von Kaufbeuren nach Schongau eröffnet, deren Projektierung bereits in die Zeit vor dem Ersten Weltkrieg zurückreichte und in deren Betrieb man große Hoffnungen setzte. Heutzutage ist diese Bahnstrecke schon lange wieder aufgelassen, und ihr Umbau in einen Radweg wird als Fortschritt und Bereicherung unserer Zeit angesehen.

Vom 24.–27. Juli 1921 wurde in Kaufbeuren wieder das Tänzelfest abgehalten, im Juli 1914 war es zum letzten Mal gefeiert worden. Es war aber nicht mehr das gleiche Fest wie vor dem Krieg. Denn unter der Initiative des Bürgermeisters Dr. Volkhardt wurde das Fest auch den katholischen Kindern geöffnet, was Rudolf Werz, der neue Vorsitzende des Tänzelfestvereins mit viel Elan und Idealismus in die Wirklichkeit umsetzte. Und bald schon lockte das Tänzelfest viele Besucher nach Kaufbeuren; im Jahr der Inflation mußten Sonderzüge eingesetzt werden, 1924 wurden 15000 Festabzeichen verkauft. Und im Rückblick kann mit Fug und Recht behauptet werden, daß das Tänzelfest, dieses Fest der Kaufbeurer Feste, in diesen Jahren anfängt, seine heutige Form zu gewinnen.

Am 7. Dezember 1924 wurde in Kaufbeuren der Stadtrat neu gewählt. Die SPD erhielt 5 Sitze, die Vaterländische Wahlgemeinschaft, zu der sich die bürgerlichen Parteien zusammengeschlossen hatten, erreichte 14 Sitze, und ein Sitz fiel an den „Völkischen Block – Nationalsozialistische Freiheitsbewegung Großdeutschland". Die Zeichen der Zeit waren auch in Kaufbeuren sichtbar. Bei den Landtagswahlen am 24. April 1932 konnten in Kaufbeuren zwar die BVP und SPD in etwa ihre Ergebnisse von 1928 halten, aber die Nationalsozialisten erlangten mit 938 Stimmen den dritten Platz.

Über die Machtergreifung der NSDAP, die mit der Ernennung Hitlers zum Reichskanzler am 30. Januar 1933 ihren vorläufigen Höhepunkt hatte, sind in der Zwischenzeit ganze Bibliotheken gefüllt worden. Die Vorgänge in Deutschland und in Bayern müssen hier nicht mehr im einzelnen dargestellt werden. Zunächst blieben in Kaufbeuren die Verhältnisse noch beim alten. In den Stadtratsprotokollen finden sich nur wenig Anzeichen des Wandels. Am 27. März 1933 aber fand eine außerordentliche Sitzung des Stadtrates statt, bei der die Mitglieder der SPD-Fraktion fehlten. Und – ein bis dahin nicht gekannter Vorgang – der Stadtrat traf keine essentiellen Beschlüsse mehr, sondern nahm die Verfügungen des SA-Kreisleiters von Schwaben und Neuburg zur Kenntnis, mit denen dieser in städtische Kompetenzen eingriff, indem er einen Dritten Bürgermeister, den Studienrat Wendelin Wind, ernannte und ihm die Aufsicht über sämtliche Referate und Pflegschaften übertrug. Die beiden Entscheidungen, die der Stadtrat von sich aus traf, waren die Verleihung der Ehrenbürgerwürde an den Reichspräsidenten Hindenburg und den Reichskanzler Hitler sowie die Umbenennung der Jordananlagen in „Hindenburgpark" und die Umbenennung der Straße „Am Graben" in „Adolf-Hitler-Ring". In der Sitzung vom 23. Mai 1933 legten dann die sozialdemokratischen Stadtratsmitglieder Braig, Petrich und Weber sowie ihre Ersatzmänner Herz, Böck und Klaus ihre Ämter nieder. Über eine Wiederbesetzung dieser erledigten Stadtratsstellen schweigen die Protokolle. Dr. Volkhardt leitete noch die Stadtratssitzung am 26. Mai 1933. In dieser wurde unter anderem noch beschlossen, jüdische Fieranten zu den Kaufbeurer Jahrmärkten nur noch dann zuzulassen, wenn sie sich als Frontkämpfer des Ersten Weltkriegs ausweisen konnten. Die Nazis versuchten, Dr. Volkhardt mit einer Anklage wegen Betrugs bei den Stromlieferungen des städtischen Elektrizitätswerks zu belangen. Diese blieben dabei ergebnislos und mußten seine Ruhestandsversetzung zum 1. 12. 1933 billigen. Dr. Volkhardt hatte sich inzwischen in München als Rechtsanwalt niedergelassen. Am 30. Juni 1933 sind 17 Mitglieder der Kaufbeurer SPD in „Schutzhaft" genommen und ins KZ Dachau verbracht worden. Die Stadträte der BVP wurden Anfang Juli 1933 acht Tage in „Schutzhaft" nach Landsberg/Lech eingesperrt, ihre Stadtratsmandate legten sie nieder. In der Stadtratssitzung vom 17. 11. 1933 stellte sich der Schneidermeister Hans Wildung als neuer Erster Bürgermeister vor, der dieses Amt bis zu seinem Tode am 28. 1. 1943 innehatte. Die freigewordenen Stadtratsstellen wurden nach dem Ergebnis der Reichstagswahl vom 5. März 1933 ohne Wahl (!) besetzt. Eine entscheidende Änderung brachte die neue deutsche Gemeindeordnung vom 30. Januar 1935. Gemäß dem „Führerprinzip" wurde nun der Bürgermeister von der Regierung ernannt, eine Wahl fand nicht statt. Aus den Stadträten wurden nun „Ratsherren", die den Bürgermeister beraten konnten, irgendeine verantwortliche oder gar vom Volk durch Wahlen legitimierte Stellung besaßen sie nicht.

Trotz der beherrschenden Stellung der Nationalsozialisten in Kaufbeuren regte sich in der Stadt Widerstand gegen das unmenschliche Regime, das im Alltagsleben von einer verblüffenden Normalität und Biederkeit war. In der Spinnerei- und Weberei Momm erschien die kommunistische Betriebszeitung „Der rote Faden". Doch wurden die Hersteller und Vertreiber bereits im März 1933 festgenommen und zu Haft- oder KZ-Strafen verurteilt. Es gelang Mitgliedern der KPD, eine konspirative Widerstandsorganisation aufzubauen, die vor allem in den Jahren 1934–1936 tätig war und von der Schweiz aus mit Agitationsmaterial versorgt wurde. Durch einen Spitzel in der Münchner KPD-Leitung wurde die Widerstandsarbeit in Kaufbeuren aufgedeckt. Im Juni 1936 verhaftete die Gestapo die Kaufbeurer Gruppe, später folgten weitere Verhaftungen. Im Frühjahr 1937 standen dann insgesamt 58 Personen vor Gericht, die die verhängten Freiheits- und KZ-Strafen zum Teil nicht überlebten. Eine jüdische Gemeinde hat es in Kaufbeuren nicht gegeben. Der einzige noch in Kaufbeuren lebende Jude wurde Ende Oktober 1938 we-

Zwischen St. Blasius und dem Fünfknopfturm ist die Stadtmauer am besten erhalten

Von St. Blasius auf dem Weg in die Stadt

gen Steuervergehens verhaftet und in Heilbronn a. N. zu einer Geldstrafe verurteilt. In München soll er dann 1940 Selbstmord begangen haben. Die Brutalität und der Zynismus des Nazi-Regimes äußerten sich ebenfalls in den entsetzlichen Euthanasieaktionen, die ab 1940 in der Heil- und Pflegeanstalt Kaufbeuren und in deren Zweigstelle in Irsee durchgeführt wurden.

Es ist heute bekannt, daß viele Aufbauleistungen in den ersten Jahren des Naziregimes der Wiederaufrüstung Deutschlands und damit der Kriegsvorbereitung dienten. 1918 landete der Fliegerleutnant und spätere Arzt Hans Wüstendorfer mit seiner Militärmaschine auf dem Wiesengelände zwischen Tänzelhölzchen und Apfeltrang, damit das Flugzeug nicht in die Hände der Alliierten geriet. Bürgermeister Dr. Volkhardt verfolgte die Idee weiter und konnte in den folgenden Jahren ein geeignetes Areal für die Stadt zusammenkaufen, das ab 1928 von den Segelfliegern als Landeplatz und ab 1930 auch zunehmend von der Verkehrsfliegerschule in Schleißheim als Außenlandeplatz benutzt wurde. 1934 stellte die Stadt den Antrag zur Errichtung einer Verkehrsfliegerschule in Kaufbeuren, und im Zuge der Neuaufstellung der deutschen Luftwaffe wurde ein Fliegerhorst daraus, in dem seit August 1935 Piloten ausgebildet wurden. 1937 wurde der Fliegerhorst erweitert, und dieser Expansion fiel dann auch das Tänzelhölzchen zum Opfer. Durch den Aufbau des Fliegerhorstes wurde Kaufbeuren Garnisonsstadt. Im Rechenschaftsbericht von Bürgermeister Hans Wildung vom 6. Januar 1937 wurden die Zusammenhänge zwischen dem Aufbau der Rüstung und dem Abbau der Arbeitslosigkeit eindeutig hergestellt.

Die Entfesselung des Zweiten Weltkrieges rief im Deutschen Reich und auch in Kaufbeuren im Gegensatz zum Kriegsausbruch 1914 keinen Begeisterungstaumel hervor. Vermutlich im Jahre 1938 fiel eine Entscheidung, die für Kaufbeuren noch sehr wichtig werden sollte: Vom damaligen OKH (Oberkommando des Heeres) wurde die Dynamit AG (DAG) beauftragt, in mittelbarer Nähe Kaufbeurens eine Sprengstoff- und Munitionsfabrik zu bauen. Diesem Auftrag kam die DAG nach und erstellte nach den damaligen Erkenntnissen bezüglich der Lufttarnung in dem Waldgebiet auf dem östlichen Wertachhochufer in Richtung Germaringen von 1939 an ein Fabrikgelände, in dem 1941 die Produktion aufgenommen wurde. Wurden für die Bauarbeiten schon zum Teil KZ-Insassen herangezogen, so rekrutierten sich die Arbeitskräfte, die bei der laufenden Produktion eingesetzt wurden, zu 90% aus den von Hitler eroberten Gebieten. Diese Menschen, die hauptsächlich aus Polen, der Ukraine und aus Frankreich stammten, waren im Lager Riederloh in der Nähe des Geländes untergebracht. Außerdem leisteten noch ca. 80 jüdische KZ-Häftlinge seit 1944 in den Munitionsfabriken Zwangsarbeit. Das nahende Ende des Krieges brachte für die Munitionsfabrik erhebliche Schwierigkeiten: Man mußte mit Rohstoffmangel und Erschöpfungszuständen bei den Arbeiterinnen und Arbeitern fertig werden. Die gefertigten Pulversorten, die z. T. hochexplosiv waren, konnten nicht mehr zu den weiterverarbeitenden Fabriken in Norddeutschland wegtransportiert werden. In Zusammenarbeit mit dem Fliegerhorst Kaufbeuren wurden die Pulver- und Sprengstoffvorräte in eine Ziegelei in Marktoberdorf, in eine Schlucht bei Pfronten und in eine Höhle bei Oberstdorf eingelagert.

Kaufbeuren hatte mit den „Errungenschaften“ des Dritten Reiches bis zum Frühjahr 1945 reiche Erfahrungen gemacht. Der Aufbau des Fliegerhorstes steigerte die Einnahmen der Stadt und ließ die Arbeitslosenzahlen gegen Null zurückgehen, und bei der Errichtung der Munitionsfabriken waren auch Kaufbeurer Firmen beteiligt. Aber der Krieg brachte auch das Elend der Verschleppten, die für den Besatzer ihrer Heimat arbeiten mußten. Und das wahre Gesicht des Nationalsozialismus hatte sich trotz strenger Geheimhaltung nicht nur bei der Behandlung jüdischer KZ-Häftlinge der Bevölkerung gegenüber offenbart, sondern sich auch in dem Hitlerbefehl „Verbrannte Erde“ vom 19. März 1945 demaskiert. Am 27. April 1945 näherten sich um die Mittagszeit von Norden und Nordwesten kommend starke amerikanische Bodenkampftruppen Kaufbeuren. Die Stadt wurde ohne Widerstand übergeben. Damit war auch für Kaufbeuren die schreckliche Zeit des Nationalsozialismus und die noch schrecklichere Zeit des Krieges vorübergegangen.

1945 – Ein großer Moment Kaufbeurer Geschichte und die Verdoppelung der Stadt

Die Alliierten hatten sich über das Schicksal Deutschlands nach dem Tage der Kapitulation durchaus ihre Gedanken gemacht. In den Konferenzen von Teheran (1943) und Jalta (1945) war man sich über das weitere Vorgehen einig geworden. Vorgesehen war ein Zurückdrängen Deutschlands auf die Oder-Neiße-Linie zugunsten einer nach Westen ausgreifenden Wiederherstellung Polens. Ebenso wurde auf diesen Konferenzen eine Teilung Deutschlands festgelegt.

Die Einzelheiten der militärischen Kapitulation am 8. Mai 1945 und der Übernahme der Staats- und Regierungsgewalt durch die alliierten Militärbefehlshaber müssen hier nicht dargestellt werden. Für Kaufbeuren wurden Ereignisse wichtig, die sich damals in der Tschechoslowakei abspielten.

Die Tschechoslowakei hatte seit ihrer Entstehung 1918 sich mit dem Grundübel der alten Habsburger Donaumonarchie, dem Nationalitätenproblem, herumgeplagt. „Ach, es gab auch viel Haß im alten Österreich; ... Haß der Nationalitäten, der Deutschen und Slawen gegeneinander ...“ (Golo Mann) und die Ereignisse seit 1938 waren keineswegs dazu angetan, ein vernünftiges Zusammenleben zu erreichen. Es war der Präsident der im Londoner Exil amtierenden tschechoslowakischen Regierung, Dr. Eduard Benesch, der den Plan einer völligen Vertreibung der Deutschen in Böhmen, Mähren und der Slowakei entwickelte. Dieser Plan stimmte im Prinzip auch mit den politischen Vorstellungen der Aliierten überein.

Als Anfang Mai 1945 absehbar war, daß der Krieg nur noch eine Angelegenheit von Tagen sein konnte, brach am 5. Mai 1945 in Prag der Aufstand der Tschechen gegen die Besatzer los. Alle Deutschen mußten während dieser Kämpfe um ihr Leben fürchten. Die grauenvollen Einzelheiten müssen hier nicht nacherzählt werden, sie bilden vielmehr die Illustration dafür, wie diese beiden Nationen in Zukunft miteinander umzugehen gedachten.

Nach der Kapitulation übernahm nun in der nordböhmischen Stadt Gablonz an der Neiße am 8. Mai 1945 ein sogenannter Nationalausschuß die Herrschaft, am 9. Mai 1945 wurde die Stadt von der Roten Armee besetzt. Am 15. Juni 1945 begann in Gablonz die Vertreibung der Deutschen, die zunächst als „wilde“ Vertreibung, später als „legale“ Vertreibung organisiert und durchgeführt worden ist.

Die Stadt Gablonz war zu dieser Zeit bereits weltbekannt wegen ihrer Glas- und Schmuckindustrie. Diese Industrie reichte bis ins 16. Jahrhundert zurück. In der zweiten Hälfte des 19. Jahrhunderts hatte diese Industrie sehr stark den Charakter einer Heimindustrie mit vielen kleineren Fertigungsstätten angenommen und erlebte einen enormen Aufschwung. Besonders in den Bereichen der Schmuck- und Modeschmuckherstellung wird sichtbar, daß die Gablonzer Industrie eine Verbundindustrie war, die nur gemeinschaftlich funktionieren kann. Da es den Tschechen trotz aller Bemühungen nach 1918 nicht gelungen war, die Gablonzer Industrie zu nationalisieren, hatte die Vertreibungspolitik hier eine besondere Folge: Man hatte sich zwar der Deutschen entledigt, hatte ihre ganzen Produktionsmittel in der Hand behalten, aber man wußte nichts damit anzufangen. Für die vertriebenen Gablonzer aber, die alle einander ja brauchten, damit sie ihre erlernten Berufe wieder ausüben konnten, stellte sich in dem zertrümmerten und ausgebluteten Deutschland in existenziell drängender Notwendigkeit die Frage: „Wohin?“ „Hierher!“ ertönte damals die Antwort aus Kaufbeuren. Damit aber diese Antwort gegeben werden konnte, waren etliche Vorbereitungen notwendig.

Wie es im Sommer 1945 üblich war, wurde von den Besatzungsmächten eine Säuberung der öffentlichen Verwaltung von den Nationalsozialisten durchgeführt, und im Zuge dieser Maßnahme wurde am 30. Juni 1945 Bürgermeister Karl Deinhardt seiner Stellung enthoben. Aus den Reihen von politisch interessierten Kaufbeurer Bürgern stammte der Vorschlag, den 1933 abgesetzten Bürgermeister Dr. Volkhardt wieder ins Amt zu berufen und die Militärregierung hatte diese Meinung übernommen. Zum 1. Juli 1945 trat Dr. Volkhardt sein Amt wieder an. Die Aufgaben, die es zu lösen galt, waren nicht einfach: Kaufbeuren,

Symbole mit Wurzeln in der Vergangenheit sind der Rüdigerbrunnen und die Herz-Jesu-Kirche in Neugablonz

wiewohl unzerstört geblieben, barst fast aus allen Nähten, denn die Stadt mußte den Evakuierten der ausgebombten Städte, den Rüstungsarbeitern des DAG-Geländes, den Kriegsdienstverpflichteten, Flüchtlingen aus Ostpreußen und Schlesien sowie den in immer größerer Zahl aus dem Sudetenland einströmenden Vertriebenen Unterkunft bieten. Nun wäre für eine einfachere Lösung das DAG-Gelände und der Fliegerhorst bereitgestanden, aber die gaben die US-Streitkräfte nicht aus der Hand. Es wäre jetzt zu langwierig, die einzelnen Provisorien, die die Stadtverwaltung und die eiligst installierten Flüchtlingskommissariate von Fall zu Fall inszenierten, darzustellen.

In der zweiten Jahreshälfte 1945 zeichnete sich für Dr. Volkhardt und für den neu ernannten Landrat für den Landkreis Kaufbeuren, Dr. Georg Stang, immer stärker die Tendenz ab, für Stadt und Landkreis eine verdoppelte Zuteilungsquote an Flüchtlingen und Vertriebenen aufnehmen zu müssen. Die Vorteile einer Ansiedlung von Gablonzern auf dem DAG-Gelände lagen auf der Hand: Die technischen Voraussetzungen für den Aufbau der Gablonzer Industrie waren wesentlich einfacher zu erlangen als in anderen Industriezweigen. Ausgerichtet am Handwerklichen benötigten die neugegründeten Betriebe keine eigenen Betriebsräume, keine Maschinen, keine Energiezufuhr. Werkzeuge wurden selbst gebastelt, der Rohstoffmangel wurde mit Einfallsreichtum überspielt. Die Heimfertigung bot fast allen Schichten der Bevölkerung, den Vertriebenen wie den Einheimischen, die Möglichkeit von Arbeit und Verdienst, also auch sozialen Problemfällen wie alleinerziehenden Müttern, Älteren und Kriegsversehrten. Dr. Volkhardt sah in der Ansiedlung der Gablonzer vor allem die Chance, Kaufbeuren aus dem Kreis der schwäbischen Landstädte herauszuheben und erhoffte sich mit dem erwarteten Zuwachs an Menschen und Wirtschaftskraft den Wiedererwerb der 1940 verlorengegangenen Kreisunmittelbarkeit. Außerdem wollte der Kaufbeurer Bürgermeister das DAG-Gelände, das zum Stadtgebiet gehörte, nicht an den Landkreis herausgeben. Landrat Dr. Stang hätte es sicher gern gesehen, wenn die auf dem DAG-Gelände entstehende Ansiedlung als neue steuerkräftige Gemeinde zum Landkreis gekommen wäre, aber anderweitige politische und administrative Aufgaben lenkten seine Aufmerksamkeit von diesem Projekt ab.

Am 2. Dezember 1945 erhielten Dr. Volkhardt und Landrat Dr. Stang die Nachricht, daß Stadt und Landkreis Kaufbeuren 800 Vertriebene aufzunehmen hätten. In den Monaten zuvor hatte der aus Neudorf im Kreis Gablonz stammende Dipl.-Ing. Erich Huschka die entscheidende Vorarbeit geleistet. Huschka gilt heute als „Vater von Neugablonz“, hatte er doch in den ersten Monaten nach der Kapitulation von München aus ein geeignetes Areal für die geplante Wiederansiedlung der Gablonzer Industrie gesucht und sich für das DAG-Gelände bei Kaufbeuren entschieden. In langwierigen Verhandlungen war es ihm und seinen Mitarbeitern gelungen, die offiziellen Stellen der Staatsverwaltung von Sinn und Zweckmäßigkeit der geschlossenen Ansiedlung der Gablonzer auf dem DAG-Gelände bei Kaufbeuren zu überzeugen. So erhielten bereits im Januar 1946 die verantwortlichen Männer in Kaufbeuren offiziell vom Regierungspräsidenten Schwabens über die Niederlassungsabsicht der Gablonzer Industrie Nachricht. Nach vielen Verhandlungen konnte Huschka im Juni 1946 mit der Zustimmung des amerikanischen Kontrolloffiziers, Captain Neil, einen Pachtvertrag über zwei Drittel des DAG-Geländes mit dem damaligen für das Gelände eingesetzten Treuhänder abschließen. Im gleichen Monat gründeten die bereits in Kaufbeuren angelangten Gablonzer zwei Selbsthilfeorganisationen, die Allgäuer Glas-, Metall- und Schmuckwaren-Genossenschaft und die Aufbau- und Siedlungsgesellschaft (ASG). Erstere förderte den Neuaufbau der Gablonzer Industrie, die ASG kümmerte sich um die Voraussetzungen zur Besiedlung des Geländes, das noch völlig von Trümmern übersät war, da die amerikanische Militärregierung am 12. November 1945 umfassende Sprengungen auf dem Werksgelände vorgenommen hatte. Am Ende des Jahres 1946 waren bereits Erfolge sichtbar: Die erste Neugablonzer Glashütte nahm ihren Betrieb auf.

Es liest sich leichter, als es sich schreiben läßt: „Der Neuaufbau von Kaufbeuren-Neugablonz hat begonnen und machte nun staunenswerte Fortschritte“ – und es schreibt sich doch wesentlich leichter, als es in

Wirklichkeit in täglicher Arbeit geschaffen wurde. In dem verdienstvollen Buch von Susanne Rössler und Gerhard Stütz über die Geschichte von Neugablonz werden die vielen einzelnen Mosaiksteine zu einem lebendigen Ganzen zusammengefügt und man erhält einen nachhaltigen Eindruck von dieser Arbeit. So hat die Einführung von Straßennamen den gleichen Wert wie die Geburt des ersten Neugablonzers 1947, die Eröffnung der ersten Volksschule steht neben dem Eintreffen der ersten Exportaufträge für die Gablonzer Industrie im Jahr 1949. Und ähnlich wie der Name Kaufbeuren sich erst nach und nach herausbildete, so war es auch mit dem heutigen Namen Neugablonz. Noch unter Dr. Volkhardt wurde das DAG-Gelände „Kaufbeuren-Hart" genannt, womit man an den alten Flurnamen „Am Hart" anknüpfte. Aber unter den Ansiedlern wurde die Bezeichnung „Neugablonz" immer gebräuchlicher und am 8. August 1952 erteilte das bayerische Innenministerium offiziell den heute noch gebräuchlichen Namen „Kaufbeuren-Neugablonz".
Die Vision von Bürgermeister Dr. Volkhardt, die er in einem Gedicht festgehalten hatte, dessen letzte beiden Strophen lauten:

„Es hebt ein Werken an mit Fleiß,
ein Planen und ein Roden,
es wächst aus einem zarten Reis
ein Baum auf gutem Boden.

Ich sehe die Geschlechterreih'n
in weiter Zeitenferne,
im neuen Glanz und goldnen Schein
Kaufbeurens Wappensterne."

sollte sich bewahrheiten. 1976 zählte Neugablonz insgesamt 13 200 Einwohner und 983 Gewerbe- und Industriebetriebe. Hatte die Stadt Kaufbeuren im Jahre 1939 noch 11 491 Einwohner, so steht sie mit über 40 000 Einwohnern heute als drittgrößte Stadt im Regierungsbezirk Schwaben. Schon an Hand dieser Zahlen kann man ermessen, welch einschneidendes Ereignis damals die Ansiedlung der Vertriebenen für die Geschichte der Stadt bedeutete. Es soll aber an dieser Stelle auch auf die große Integrationsleistung hingewiesen werden, die von Alt- und Neu-Kaufbeurern in diesen Jahrzehnten erbracht wurde. Die Beispiele dafür sind Legion, doch zwei sollen genannt sein: So hatte Frau Maria Espermüller kurz nach Kriegsende eine „Volksküche" eingerichtet, in der jeder ohne Ansehen der Person eine Mahlzeit erhielt. Sie und ihre Helferinnen, die oft genug nicht wußten, ob sie für den nächsten Tag noch genügend Lebensmittel zur Verfügung haben würden, schafften es mit ihrer Eigeninitiative immer wieder, von deutschen und amerikanischen Stellen sowie von Firmen ihre Bestände ergänzt zu bekommen. Erich Huschka vermerkt daher in seiner Schilderung über den Neubeginn in Neugablonz dankbar: „Wie erleichternd war es doch für die den ganzen Tag mit dem Aufbau ihrer kleinen Werkstätten beschäftigten Gablonzern zu wissen, daß das Mittagsläuten vom Martinsturm zum Essen in die Volksküche zu Frau Espermüller rief." Und auch das Tänzelfest, das 1947 zum ersten Mal nach dem Krieg wieder begangen wurde, half durch die Einbeziehung der Kinder der neuen Mitbürger erheblich mit, die Unterschiede von Jahr zu Jahr kleiner werden zu lassen. Die heute noch an den Augustsonntagen stattfindenden Frühschoppenkonzerte vor dem Gablonzer Haus erfreuen sich vieler Gäste aus „Alt-Kaufbeuren". Daß dabei der von den Gablonzern mitgebrachten und aus der böhmisch-österreichischen Kochkultur stammenden „Rejchrworscht" (Rauchwurst) besonders zugesprochen wird, kann als integrierendes Beispiel im Bereich von Essen und Trinken angesprochen werden.

Die Entstehung von Neugablonz auf dem Gelände einer Munitionsfabrik kann man nur mehr ahnen

Das Vertriebenendenkmal stammt von der Neugablonzer Bildhauerin Hanne Wondrak

Kaufbeuren hatte zum 1. April 1948 seine von den Nationalsozialisten abgeschaffte Kreisunmittelbarkeit wieder erhalten. Als zum 1. Juli 1972 in Bayern die Gebietsreform durchgeführt wurde, konnte Kaufbeuren seine Kreisfreiheit bewahren. Oberbeuren, Kleinkemnat und Hirschzell wurden der Stadt eingemeindet.

Hirschzells Geschichte beginnt fast zur gleichen Zeit wie die Geschichte Kaufbeurens. Im Zuge der fränkischen Kolonisation und der Christianisierung entstanden in der Mitte des 8. Jahrhunderts in Hirschzell und Osterzell Missionszellen des Reichsklosters Stöttwang, 831 wurde das Kloster Stöttwang von Kaiser Ludwig d. Frommen dem Kloster Kempten geschenkt. Abt Tato überließ 839 dem kaiserlichen Kaplan Ratolf die Zelle des Herilo, Herilescella, auf Lebenszeit. Vermutlich war Herilo, der Vorgänger Ratolfs, Gründer der Missionsstation und aus Herilescella wurde im Laufe der Zeit der Name Hirschzell. Das niederadelige Geschlecht derer von Hirschzell erschien ungefähr seit 1150 in der Geschichte und hatte seinen Sitz auf dem nahen Schloßberg über dem Dorf. Im ausgehenden Mittelalter kam Hirschzell an die Herrschaft Kaltenthal, das das Dorf 1699 an das Kloster Rottenbuch weiterveräußerte. In dessen Herrschaft verblieb Hirschzell bis 1803, dann wurde es eine eigenständige politische Gemeinde. Nach dem Zweiten Weltkrieg begannen sich nun Kaufbeurer in Hirschzell niederzulassen, vorzugsweise in dem Gebiet der Frankenrieder Straße und der Gemarkungsgrenze zu Kaufbeuren. Die Einwohnerzahl stieg nun rapide und brachte für die Gemeinde auch große finanzielle Belastungen. Schließlich war die Anbindung an Kaufbeuren so eng geworden, daß die Eingemeindung 1972 fast zwangsläufig war.

Die Gemeinde Kleinkemnat, zu der auch seit 1818 Großkemnat gehört, ist wahrscheinlich aus einer Filiale der Pfarrei Irsee entstanden. Am Ende des 12. Jahrhunderts erbauten Dienstmannen der Grafen von Ursin-Ronsberg eine Burg in Großkemnat, von der heute der mächtige Burgfried Zeugnis ablegt, der im Volksmund „Römerturm“ heißt. Das Geschlecht nannte sich von da an nach Kemnat, und als die Markgrafen von Ronsberg 1212 ausstarben, blieben die Herren von Kemnat zunächst noch im Dienst des Grafen Ulrich von Ulten, dem Teilnachfolger der Ronsberger, stiegen aber dann unter Volkmar II. von Kemnat zu den ministeriales imperii, zu den Reichsdienstmannen auf. Unter ihm, dem bedeutendsten Vertreter des Geschlechtes, erlangten die Kemnater in der ausgehenden Stauferzeit eine beherrschende Stellung in Ostschwaben. Es ist gewiß kein Zufall, daß der junge König Konrad IV. bei den Reibereien zwischen Kemnat und der Stadt Kaufbeuren eingriff, was am 25. Juli 1240 zur Ausfertigung der ältesten Königsurkunde in deutscher Sprache, die uns erhalten blieb, führte. Volkmar II., der schon zu Lebzeiten „der Weise“ genannt wurde, stand den Staufern sehr nahe und hat auch an der Erziehung des jungen Konradin mitgewirkt. Nach Volkmars II. Tod um 1283 erlosch die Familie der Kemnater, Burg und Herrschaft Kemnat kamen schließlich an die Benzenauer, die dann wegen finanzieller Probleme Burg und Herrschaft 1551 an das Fürststift Kempten verkauften. Im Zuge der damaligen Neugliederungen in der Verwaltung wurden die Dörfer Groß- und Kleinkemnat 1804 dem Landgericht Obergünzburg zugeteilt und 1818 faßte man die beiden Ortschaften zur Gemeinde Kleinkemnat zusammen. Erst 1853 kam Kleinkemnat zum Bezirk des Landgerichtes Kaufbeuren. Bei der Durchführung der Gebietsreform 1972 entschieden sich die Bürger von Kleinkemnat mit großer Mehrheit für die Eingemeindung nach Kaufbeuren.

Von den drei zu Kaufbeuren gekommenen Gemeinden dürfte Oberbeuren die älteste sein. Archäologische Hinweise schließen eine vorgeschichtliche Besiedelung nicht aus, die eigentliche Gründung hat wohl in der Zeit der alemannischen Landnahme zwischen 500 und 600 n. Chr. stattgefunden. Ursprünglich dehnte sich die Oberbeurer Flur bis an die Wertach hinab, die Keimzelle Kaufbeurens, der Maierhof, lag auf Oberbeurer Gebiet. Als Kaufbeuren wuchs, schied es aus dem Bereich Oberbeurens aus. 1308 verpfändete Kaiser Heinrich VII. Oberbeuren an den Ritter Heinrich von Schwarzenburg, dem kaiserlichen Ammann von Kaufbeuren, der seinen Stammsitz in Blöcktach hatte. 1408 ging Oberbeuren an die Herren von Lichtenau über, denen dann die Edlen von Heimenhofen-Burgberg folgten. 1519 kaufte die

Reichsstadt Kaufbeuren die Herrschaft Oberbeuren für 4000 fl. Als Kaufbeuren 1802 bayerisch wurde, wurde Oberbeuren eine selbständige Gemeinde, was es dann auch 170 Jahre lang blieb, bis es 1972 nach Kaufbeuren eingemeindet wurde.

Ausblick

Kaufbeuren hat in den Jahren nach 1945 den größten Aufschwung seiner Geschichte erlebt. Seine Einwohnerzahl stieg um mehr als das Doppelte. Hinter dieser sachlichen Feststellung muß man sehen, daß für all diese Menschen ja auch die heutzutage gewohnte Infrastruktur aus Wohnraum, Wasser- und Energieversorgung, Straßen- und Schulenbau und noch vielen, vielen anderen Dingen erstellt werden mußte. Es wurde daher gerade im letzten Kapitel auf eine genauere Darstellung dieses Ausbaus verzichtet, um nicht in die Gefahr einer bloßen Auflistung zu geraten. Überdies stellen die Errichtungen von Schwimmbädern, Parkhäusern oder anderer öffentlicher Bauwerke nicht unbedingt ein herausragendes Merkmal einer Stadtgeschichte der letzten Jahrzehnte dar, der Fleiß der Bürger und damit der von ihnen erarbeitete Wohlstand der Kommunen haben sich in der ganzen Bundesrepublik Deutschland mehr oder weniger so ähnlich ausgedrückt.
Ein anderes Phänomen erscheint wichtiger. Jede Stadt lebt von und mit dem grundsätzlichen Einverständnis ihrer Bürger, diese Stadt als ihre Heimat anzusehen und aus diesem Gefühl heraus einen gewissen Bürgersinn zu entwickeln. Es spricht für Kaufbeuren und seine urbane Tradition, daß sich dieser Bürgersinn in den letzten Jahrzehnten nicht nur erhalten, sondern auch weiterentwickelt hat. Im heutigen Zeitalter der fast grenzenlosen Mobilität, in dem Kommunen ganz leicht zu bloßen Schlaf- und Wohnstätten herabsinken können, muß die Weitergabe und die Pflege eines Heimatgefühls immer als großartige urbane Leistung gelten. Und damit kann sich Kaufbeuren ganz getrost den zukünftigen Aufgaben stellen.

Stefan Fischer

Jeden Samstag wird Markt in Neugablonz gehalten

Im Sommer ist das Freibad Neugablonz ein Treffpunkt für die ganze Umgebung

Kaufbeuren – Kunst und Kultur einer Stadt

Was zeigt und was erzählt man einem Besucher, der eine Vorstellung bekommen soll von Kaufbeurens Klöstern und Kirchen, von wichtigen Gebäuden und Einrichtungen, von dem, was zum kulturellen Leben und Erbe der Stadt gehört?
Auf wenigen Seiten läßt es sich nicht annähernd erschöpfend darstellen, da hilft keine mehr oder weniger vollständige Aufzählung von Namen, Gebäuden oder künstlerischen und wissenschaftlichen Werken. Deshalb sollen verhältnismäßig wenige Beispiele stellvertretend für anderes stehen, das gleichwertig ist. Die Auswahl muß notwendig subjektiv bleiben.

Das Crescentiakloster

Die Geschichte des Crescentiaklosters und der Stadt gehören zusammen. Frühe, der Sage zugehörige Überlieferungen wollen wissen, daß die Stifterin eine Tochter des letzten Herrn eines (Meier-)Hofs gewesen ist, den um die Mitte des 8. Jahrhunderts Franken in Besitz genommen hatten.
Als die Staufer hier zu Beginn des 13. Jahrhunderts eine Stadt gründeten, verlor der Meierhof seine Bedeutung als Verwaltungszentrum. Vermutlich wurde er deshalb frommen Frauen überlassen, die zunächst ein beginenartiges Leben in Zurückgezogenheit und Nächstenliebe führten. Am 10. Mai 1261 wurde das Kloster im Zusammenhang mit einem Grundstückserwerb erstmals urkundlich erwähnt.
Zu Beginn des 14. Jahrhunderts wünschte die Kirche für die beginenartigen Schwesternkonvente eine straffere Organisation. Im Jahr 1312 verbot das Konzil von Vienne die Lebensweise der Beginen. Und 1315 gab der Augsburger Bischof Friedrich I. Spät von Faimingen der Schwesterngemeinschaft Maria Stern in Augsburg die Regeln für ein klösterliches Leben in der Nachfolge des hl. Franziskus. Die Beginengemeinschaft in Kaufbeuren übernahm diese Regeln und fortan nannten sie sich „Schwestern des regulierten Dritten Ordens des hl. Franziskus vom Meierhof Kaufbeuren".
Beim großen Stadtbrand von 1325 „verpran auch diese stifftung deß Gottshauß", und erst zehn Jahre später konnte das Kloster an der alten Stelle wieder aufgebaut werden, den beschränkten finanziellen Möglichkeiten entsprechend bescheiden. Unter der Oberin Anna Scherrich, einer Kaufbeurer Bürgerstochter, die das Kloster von 1452 bis 1480 leitete, kam es zu einem völligen Neubau, auf den das heutige Kloster zurückgeht: „Da haben die Schwestern, als man zelt hat 1470 sich bedächt und leib und guet nit gespart . . . und haben daß alte gottshauß ganz lassen nider werfen und alle gemechlein abprächen lassen und von grund new gepauen und geweitert als vil sy statt haben mochten mit der neuen Capel, dormitori usw. damit ir nachkhomen Gott dester fleißiglicher und riebiglicher dieneten."
Auch in religiöser Hinsicht gab es einen Neubeginn: Frater Johannes Alphart, Provinzial und Visitator der Oberdeutschen Provinz des Dritten Ordens, gab dem Kloster 1487 Statuten, „damit die ungeordnete Unwissenheit nicht sei".
Im Zeichen der beginnenden Reformation in Kaufbeuren wurde auch das Verhältnis zwischen Kloster und der Stadt neu geregelt. Wegen Beschwerden der Weberzunft durften die Schwestern nur noch für den eigenen Hausbedarf weben, um den Handwerkern keine Konkurrenz zu machen. Außerdem mußte das

An der Stelle des Crescentiaklosters stand der fränkische Meierhof, die Keimzelle Kaufbeurens

Der gemalte Kreuzgang im Franziskanerinnenkloster wurde auf Geheiß der seligen Crescentia ausgeführt

Die Verehrung der seligen Crescentia hat bis heute ungebrochene Tradition

Der Garten hinter dem Crescentiakloster

Wie hier am Breiten Bach gibt es viele schöne Winkel in der Altstadt

Rathaus, St. Martin, Dreifaltigkeitskirche – das innere Dreieck Kaufbeurens

Der Turm von St. Martin wurde vor dem Kirchenschiff gebaut, vielleicht wurde er auch deshalb noch in gotischer Zeit vollendet

Die Dreifaltigkeitskirche steht noch heute für die Kraft des protestantischen Patriziats

Erst im 19. Jahrhundert erbaute man den Turm der Dreifaltigkeitskirche

Die beiden Löwen und der sitzende Mann stammen noch aus der romanischen Vorgängerkirche von St. Martin

Seit 1286 an jedem Donnerstag: Markt in Kaufbeuren

Das Marktrecht Kaufbeurens mag alt und ehrwürdig sein, das Angebot ist immer frisch

Seit 1753 beherrscht Gott Neptun die Kaiser-Max-Straße

1543 wird die Stadtapotheke zum ersten Mal urkundlich erwähnt

Der Gerberturm – ein markantes Zeichen der ehemaligen freien Reichsstadt

Kloster in Zukunft eine Steuerpauschale von 20 Gulden bezahlen, die in Notzeiten wie bei den anderen Bürgern verdoppelt werden konnte.
1545 schloß der Rat die katholischen Kirchen in Kaufbeuren, dem Konvent verbot er die Feier der hl. Messe und die Aufnahme von Novizinnen; der Klosterkaplan mußte wegziehen. Versuche, die Schwestern zur Annahme der neuen Lehre und zum Austritt aus dem Kloster zu überreden, scheiterten.
1549 wurden alle diese Beschränkungen im Zusammenhang mit dem Augsburger Interim zurückgenommen. Das Kaufbeurer Kloster galt wegen seiner Kirchentreue und der gewissenhaften Befolgung der klösterlichen Ordnung als besonders vorbildlich.
In wirtschaftlicher Hinsicht hatten es die Schwestern nicht leicht. Sie lebten von ihrer kleinen Landwirtschaft, von Paramentenstickerei, Pflege der Kirchenwäsche für die benachbarten Pfarreien sowie von der Hostienbäckerei. Die Hostien für St. Martin, Kloster Irsee und das Jesuitenkolleg stellten die Schwestern kostenlos her; dafür wurden sie seelsorgerisch betreut.
Der Dreißigjährige Krieg brachte mit den Schwedeneinfällen in den Jahren 1632 bis 1634 neue Unruhen und Gefahren.
Vom 18. Jahrhundert an stand das Kloster im Zeichen der seligen Crescentia Höß. Am 16. Juni 1703 wurde die Weberstochter Anna Höß nach mehreren vergeblichen Bitten in das Kloster aufgenommen, und am folgenden Tag erhielt sie das Schwesternkleid und ihren Klosternamen Crescentia. Ihr Probejahr bestand sie im geduldigen Ertragen von Schikanen, die ihr eine verständnislose Oberin auferlegte. Die Mehrheit des kleinen Konvents, der damals 17 Schwestern zählte, hielt Crescentia für besonders geeignet, endgültig ins Kloster aufgenommen zu werden.
Die Prüfungen hörten nicht auf: Crescentia fühlte sich von dämonischen Kräften bedrängt, die ihr immer wieder einredeten, daß sie für das Kloster nicht würdig genug sei, oder daß sich ein gottgefälliges Leben weit besser in den Nöten des Alltags verwirklichen lasse, als in der menschlichen und wirtschaftlichen Geborgenheit der Klostergemeinschaft. Durch die Anfechtungen, die bis zur schweren körperlichen Belastung führten, entstand der damals lebensgefährliche Verdacht, daß sie eine Hexe sei, verbunden mit belastenden Befragungen.
Immer wieder erlebte sie Zustände mystischen Entrücktseins, in denen nicht zu unterscheiden war, ob ihr das Geschaute von Gott mitgeteilt wurde, oder ob es aus der Intensität ihrer geistlichen Betrachtung erwuchs.
Auffallend waren Crescentias bemerkenswerte Klugheit, ihr rasches, sicheres Urteilsvermögen und ihre Beharrlichkeit. Die Mitschwestern sahen in ihr eine Persönlichkeit, die mehr als alle anderen dafür geeignet war, wichtige Aufgaben im Kloster zu übernehmen. 1710 wurde sie Pförtnerin. Wenige Jahre später betraute man sie mit dem Amt der Novizenmeisterin, und sie formte über zwanzig Jahre hindurch die jungen Schwestern für das Klosterleben. 1741 wurde sie schließlich zur Oberin gewählt. Sie führte das Kloster mit bewundernswertem Geschick nicht nur im Hinblick auf das geistliche Leben, sondern auch im weltlichen Bereich. In vorbildlicher Weise war sie um ihre Mitschwestern besorgt und sicherte die materielle Existenz für die folgenden Jahrzehnte bis zur Säkularisation.
Kein Wunder, daß sich Crescentias Ruf rasch verbreitete und sie von zahlreichen Menschen in materiellen, körperlichen und seelischen Sorgen um Hilfe gebeten wurde.
Daneben entfaltete sie ein erstaunliches Briefapostolat; die Zahl ihrer Antwortschreiben wird auf über 3000 geschätzt. Sie schaltete sich hilfreich in den komplizierten Nachfolgestreit des Kemptener Stifts ein, stand in engem Kontakt mit der bayerischen Kurfürstin Maria Amalie im Zusammenhang mit dem österreichischen Erbfolgekrieg (die Kurfürstin reiste auch mehrmals zu Crescentia nach Kaufbeuren) und beriet Kurfürst Clemens August von Köln.
Crescentia ließ die Klosterkirche mit kostbaren Geräten und Paramenten ausstatten und beauftragte den

Eine Tür in der Stadt trennt nicht, sondern verbindet

Eine Idylle „Unter dem Berg“

Maler Joseph Schwarz aus Eggenthal für den Konventgang einen Kreuzweg zu malen. Die 15 Stationen bedecken die Seitenwände, unterbrochen von den ebenfalls durch Schwarz gemalten Türen der einzelnen Zellen. Eine besondere perspektivische Wirkung erzielte Schwarz dadurch, daß er die Bilder auf Holztafeln malte, diese vor die blaugetünchte Wand stellte und die oberen Konturen so aussägte, daß Köpfe, Arme, Helme und Lanzen in die Atmosphäre hineinragen. Die Schatten verstärken noch die Tiefenwirkung.

Am 5. April 1744, am Ostersonntag, starb Crescentia. Vom Begräbnistag an pilgerten so viele Gläubige zu ihrem Grab, daß schon die Zeitgenossen verblüfft waren. 1744 waren es bereits rund 30 000 Menschen, bisweilen drei- bis viertausend an einem Tag, die oft lange anstehen mußten, bis sie in der kleinen Klosterkirche wenigstens kurz am Grab beten konnten. In manchen Jahren kamen bis zu 70 000 und mehr. Kaufbeuren entwickelte sich zu einem Mittelpunkt des religiösen Lebens in Schwaben.

Schon 1779 stellte ein gelehrter Reisender fest, daß die Stadt Kaufbeuren „auch viel Nahrung von den Wallfahrten zum Grabe der heil. (!) Crescentia" habe. Das Kloster bewahrte um diese Zeit an die 40 000 Votivgaben auf, darunter als besondere Kostbarkeit das lebensgroße Porträt der Brauerstochter Anna Pruggmayr, das der Augsburger Wachspossierer Peter Stürzer modellierte, und zwar in der für die Zeit typischen bürgerlichen Tracht mit Riegelhaube, rotem Mieder, weitem Rock, Schmuck und Rosenkranz. Heute steht die Figur in der Crescentia-Gedenkstätte, die 1975 eingerichtet wurde. Sie enthält kostbare Erinnerungsstücke an die selige Crescentia und wertvolle Votivgaben.

Nach der Säkularisation fiel das Kloster zunächst an den Deutschen Orden und schließlich an den Bayerischen Staat, der es endgültig aufhob.

Am 14. Januar 1831 genehmigte König Ludwig I. die Wiederaufnahme von Novizinnen und damit den Fortbestand des Klosters unter der Bedingung, „daß sich die Nonnen dem Unterricht der weiblichen katholischen Schuljugend Kaufbeurens in der Industrie widmen sollten und möglichst bald auch jenen in den Elementargegenständen übernähmen".

Die Schwestern betreuten zunächst eine Volksschule, gründeten 1858 eine Lehrerinnenbildungsanstalt und errichteten 1903 eine dreijährige Fortbildungsschule für Mädchen, die 1913 zur sechsklassigen Mädchenmittelschule ausgebaut wurde.

Auf dem Berg an der Kemnater Straße baute das Kloster 1908 ein Wohnheim für berufstätige junge Frauen, die aus der Umgebung nach Kaufbeuren kamen und in der Spinnerei und Weberei arbeiteten. 1910 wurde eine Haushaltsschule angegliedert, 1923 folgten ein Kindergärtnerinnenseminar, dazu eine sechsklassige Höhere Schule (1946/47 zur Vollanstalt ausgebaut) und eine dreiklassige Mittelschule (ab 1961 vierklassig). 1930 konnte die zweitürmige Institutskirche St. Maria eingeweiht werden.

Im Jahr 1900 hatte Papst Leo XIII. die Kaufbeurer Weberstochter M. Crescentia Höß feierlich zur Seligen erklärt. Die Franziskanerinnen erwählten die neue Selige zu ihrer Patronin und gaben 1922 ihrem Kloster den Namen Crescentiakloster.

Mittelpunkt des Klosters ist stets die Kirche geblieben. Der ursprüngliche Bau aus den Jahren 1471/72 wurde 1657 durch die Ergänzung der Seitenschiffe mit Emporen erweitert. Mathias Schmuzer d. J. schuf damals den Quadraturstuck am Gewölbe des Nonnenchors. 1877 ließ das Kloster seine Kirche im neugotischen Stil umgestalten. (Die Glasfenster mit Szenen aus dem Leben Crescentias befinden sich heute in der Gedenkstätte.) 1967 wurde das Gotteshaus restauriert und den Erfordernissen der nachkonziliaren Zeit angepaßt.

Gegenüber dem Eingang ist der neugotische Grabschrein des Kaufbeurer Goldschmieds Haggenmüller in die Wand eingelassen. Bemerkenswert sind der barocke Kruzifixus über dem Altar und der Auferstandene aus dem 17. Jahrhundert an der rechten Seitenwand.

Die Zahl der Klosterfrauen ist in den letzten Jahren geringer geworden, aber ihr Kloster ist ein wichtiger

Bestandteil der Stadt Kaufbeuren geblieben, nicht zuletzt als Stätte des Gebets. Die Schwestern sind immer noch im seelsorgerlichen, schulischen und caritativen Bereich tätig.
Bis zum heutigen Tag kommen unablässig Besucher und Beter zum Grab Crescentias und erbitten die Fürsprache der Seligen in vielfältigen Nöten.

Die Jesuitenresidenz

Im zweiten Stock der Kaufbeurer Jesuitenresidenz, im heutigen Pfarrhof in der Pfarrgasse, findet sich zu Füßen einer Darstellung des Erzengels Michael die Abbildung der Kaufbeurer Jesuitenresidenz aus dem Jahre 1703: eine vierflügelige Anlage, an die sich Garten und Wiese anschlossen, stattlich und in sich abgeschlossen.
Ein Dreivierteljahrhundert vorher, 1627, hatten die Jesuiten ihre Residenz aus dem kleinen Grenzstädtchen Füssen in die Reichsstadt Kaufbeuren verlegt, wahrscheinlich auf Vorschlag des Augsburger Bischofs Heinrich V. von Knöringen.
Die Jesuiten selbst erhofften sich in Kaufbeuren erheblich bessere Wirkungsmöglichkeiten als in Füssen, und vor allem erkannten sie die Notwendigkeit der Seelsorge in der konfessionell geteilten Stadt. Ihre wichtigste Aufgabe sahen sie im Predigtdienst für St. Martin und in der Erziehung der Jugend.
Zunächst waren nur zwei Patres tätig. Am 16. April 1630 erwarben sie ein Anwesen in der Pfarrgasse, unmittelbar neben dem Pfarrhof, und bald gab es erste Ansätze zur Gründung einer höheren Schule.
Als jedoch im Westfälischen Frieden von 1648 der Besitzstand für geistliche Güter und Stifte auf das Jahr 1624 beschränkt wurde, sah die überwiegend evangelische Stadt Kaufbeuren eine Möglichkeit, dem mit Skepsis beobachteten Wirken der Jesuiten ein Ende zu bereiten. Es bedurfte langwieriger rechtlicher Auseinandersetzungen, ehe die Patres dann 1652 zurückkehren durften.
Der Kaufbeurer Stadtpfarrer und Dekan Kosmas Damian Kuile (1658–1734) ermöglichte den Jesuiten durch großzügige finanzielle Zuwendungen den Aufbau ihres Gymnasiums. Seit 1602 schon hatte es in Kaufbeuren eine katholische Lateinschule gegeben, jetzt sollte diese durch eine sogenannte „Peltzschuel", eine Aufbauschule, erweitert werden.
Kuile hatte die Jesuiten zunächst in seinem Testament bedacht, aber als 1714 P. Christian „aus eigenem Antrieb 14 Knaben samblet" und mit ihnen „zu männiglichens Verwunderung" ein lateinisches Theaterstück aufführte, war er so begeistert, daß er mit seiner Stiftung „dem Tod zuvor zu kommen" trachtete und den Patres 8875 fl. schenkte. Am 4. November 1715 wurde die Schule mit einem feierlichen Gottesdienst eröffnet, 1722 zählte sie bereits 60 Schüler in vier Klassen und wuchs bis auf 80 Schüler an. Im Sommer 1725 verließen die ersten Schüler mit dem Abschlußzeugnis das Kaufbeurer Gymnasium. Kuile war nicht nur der Begründer dieser Schule, sondern auch ihr größter Wohltäter, der sie unermüdlich förderte. Nach seinem Tod erhielten die Patres auch seine Bibliothek mit zweieinhalbtausend Bänden. In Frankenried als Sohn eines Bauern geboren, hatte er an der Universität mit 23 Jahren den Doktor der Philosophie und mit 25 Jahren den Doktor der Theologie erworben. Zurecht wird er auf seinem Grabstein als „vir incomparabilis – ein unvergleichlicher Mann" gerühmt.
Das Jesuitengymnasium entwickelte sich zur bedeutendsten Schule in Kaufbeuren, die auch entscheidend zum kulturellen Leben der Stadt beitrug, nicht zuletzt durch regelmäßige Theateraufführungen. Von 1716 bis 1750 lassen sich 57 Aufführungen des Jesuitentheaters durch deutsche Inhaltsangaben, die sogenannten Periochen, nachweisen (das Kaufbeurer Stadtarchiv besitzt davon eine vollständige Sammlung).
Durch einen Umbau im Dachgeschoß des Ostflügels gewannen die Jesuiten eine Aula mit amphitheatralischem Zuschauerraum. Die Bühne verfügte über dreierlei Kulissen: Zimmer, Garten und Wald.

Das Kloster Irsee beherbergt heute das Schwäbische Bildungszentrum

Die Wappen am Erker des alten „Irseer Haus“ in der Ludwigstraße zeugen noch von seiner einstigen Bedeutung

Von gleicher Bedeutung wie die Schule war sicherlich auch die seelsorgerliche Betätigung der Patres. Sie übernahmen viele Predigten, förderten die Wallfahrt nach St. Cosmas und Damian und gründeten die Marianische Kongregation. Von Stadtpfarrer Kuile übernahmen die Patres das Amt des Klosterbeichtvaters. Sie wurden zu wichtigen Seelenführern Crescentias und zu den geistlichen Organisatoren der Wallfahrt zu ihrem Grab.

Die Auflösung des Ordens im Jahre 1773 bedeutete für Kaufbeuren eine gewaltige Einbuße. Bis 1905 diente die Residenz weiterhin als Lateinschule, ein Teil wurde unter Stadtpfarrer Landes 1883 zum Waisenhaus umgebaut.

Josef Landes (1841–1919), seit 1882 Stadtpfarrer von St. Martin, hatte am 1. Juli 1884 im ehemaligen Jesuitenkolleg ein „Kinderkolleg" (= Kinderhort) für die Kinder von berufstätigen Eltern eröffnet. 1893 stellte er bei der Stadt den Antrag auf Errichtung eines katholischen Waisenhauses. Der Magistrat lehnte zunächst ab, doch großherzige Stiftungen von je 30 000 Mark durch Pfarrer Landes selbst und durch zwei aus Kaufbeuren gebürtige Pfarrer, Univ.-Prof. Dr. Peter Schegg (1885) und Ignaz Schroff (1886), ermöglichten die Gründung des Waisenhauses St. Josef im Jahre 1887. Das ursprüngliche Jesuitenkolleg wurde erweitert und für die Bedürfnisse eines Kinderheimes umgebaut. 1960/61 kam es zu weiteren Modernisierungen.

Vorausblickend hatte Pfarrer Landes bei Apfeltrang ein großes Grundstück (43 Tagwerk) erworben und dort den „Waisenwald" angepflanzt, damit die Jugend im Jahre 2000 einen Wald habe.

Seit 1983 ist das Stadtpfarramt St. Martin in dem weiträumigen Gebäudekomplex der ehemaligen Jesuitenresidenz untergebracht.

Eine Treppe mit schönen Holzbalustern, wie man sie in vielen Kaufbeurer Bürgerhäusern findet, führt zur ehemaligen Bibliothek in der Diele des zweiten Stockes. Die mit Rosetten bemalte, streng gegliederte hölzerne Felderdecke steht im Kontrast zu den sieben Bibliotheksschränken und ihren geschwungenen Aufsätzen sowie dem ausgesägten Blattdekor in den Füllungen. An die 3400 Bände, die sich von der ehemaligen Jesuitenbibliothek erhalten haben, sind hier aufgestellt, darunter die für die Geschichte der Jesuiten und der Stadt höchst aufschlußreichen Diarien (Tagebücher) und etwa 70 Inkunabeln.

Im Westteil des Gebäudes ist die Hauskapelle eingebaut, ein kleiner, tonnengewölbter Raum. Einfacher Bandel- und Blattwerkstuck umrahmt Felder mit dem Herzen Jesu und dem Herzen Mariens sowie Marienallegorien. Gemälde mit Darstellungen der Jesuitenheiligen Ignatius, Franz Xaver und Canisius erinnern an die früheren Bewohner dieser Residenz, die noch heute eine Atmosphäre vornehmer Eleganz ausstrahlt.

Kloster Irsee

Zu den schönen Gebäudegruppen der Altstadt gehört das ehemalige Irseer Klosterhaus. Schon 1329 hatte das Benediktinerstift Irsee in der benachbarten Reichsstadt ein Haus erworben. Es kaufte in der Folgezeit noch weitere Anwesen hinzu und errichtete dann 1496 den fünf Gebäude umfassenden, dreiflügeligen Klosterhof am westlichen Ende der heutigen Kaiser-Max-Straße und der Ludwigstraße. In der Kaiser-Max-Straße steht noch das noble, dreigeschossige Eckhaus mit Satteldach. Den Abschluß der Ludwigstraße bildet ein stattliches, dreigeschossiges Eckhaus mit Satteldach und hohem Stufengiebel. An der Südwestecke des ersten Obergeschosses wurde ein über Eck gestellter Erker ausgebaut, mit reich profilierten Konsolen an beiden Seiten. Unterhalb des Fensters und als Bekrönung gliedern reliefierte Wappenfriese.

Nach Süden errichtete das Kloster 1501 mit Genehmigung des Augsburger Bischofs die Annakapelle mit

einem zweiten Giebel als optisches Gegenstück zum Westgiebel. Zwischen den beiden Marktstraßen, „Am Breiten Bach“, befanden sich die Wirtschaftsgebäude des Irseer Hauses.
Nach der Säkularisation wurde die gesamte Anlage verkauft und zu Wohnungen umgebaut, dazu in der Kaiser-Max-Straße der „Gasthof zum Hirschen“ eingerichtet. Damit war eine durch Jahrhunderte währende Verbindung mit einem Schlag gewaltsam zerstört, die sich auf seelsorgerliche, kulturelle und wirtschaftliche Bereiche erstreckt hatte. Irsee ist „das erste Kloster in unsern Gegenden, wo die gründliche Gelehrsamkeit zu blühen angefangen“, schrieb der kluge und kritische Begründer der „Churbayerischen Akademie der Wissenschaften“ in München, Johann Georg von Lori, 1759 an das Kloster. Abt Bernhard Beck, der das Kloster von 1731 bis 1765 regierte, machte es zu einem Mittelpunkt des geistigen und wissenschaftlichen Lebens in Schwaben. Neben der Philosophie und der Theologie als den Grundlagen des geistlichen Lebens förderte er vor allem Mathematik, Physik und Musik. Mönche aus Irsee wirkten in bayerischen, österreichischen, böhmischen und französischen Schulen als begehrte Lehrer. Die erste physikalisch-naturwissenschaftliche Sammlung in einem süddeutschen Kloster bestand aus mathematischen und physikalischen Geräten.
Gesammelt hatte sie P. Ulrich Weiß, ein bedeutender Naturwissenschaftler seiner Zeit, der ab 1744 in Prag Mathematik und neuere Philosophie lehrte. 1747 erschien in Kaufbeuren sein Hauptwerk mit dem Titel „Liber de emendatione intellectus humani . . . Buch über die Verbesserung des menschlichen Verstandes, das in zwei Teilen die richtige Theorie aller Vorgänge des Verstandes darstellt und verläßlich zeigt, wie sie bestimmt werden können“.
Berühmt wurde Irsee zu dieser Zeit aber vor allem als Zentrum der Musikpflege. Schon Abt Karl Andreas, der dem Kloster von 1612–1627 vorstand, zählte zu den angesehenen Gebrauchskomponisten seiner Zeit. Durch die Nähe zu Kaufbeuren war die Reichsstadt immer auch Nutznießer, zumal als Dr. Baudrexel Stadtpfarrer von St. Martin war (1654–1672). Der wichtigste Komponist für Irsee und für Kaufbeuren war in der ersten Hälfte des 18. Jahrhunderts P. Meinrad Spieß, 1683 geboren in Honsolgen bei Buchloe, der 1702 in das Noviziat in Irsee eintrat. 1709 erlaubte ihm der Abt ein dreijähriges Musikstudium bei dem kurfürstlichen Hofkapellmeister Giuseppe Antonio Bernabei in München. Mit 28 Jahren übernahm P. Meinrad Spieß in Irsee die Leitung von Chor und Orchester. Viele der aufgeführten Werke komponierte P. Meinrad selbst, und die Zeitgenossen rühmten die „Feierliche Pracht und würdige Andacht“ seiner Werke. 1743 wurde er in die „Correspondierende Societät der musikalischen Wissenschaften in Deutschland“ aufgenommen, die der Bachschüler Lorenz Christoph Mizler 1738 in Leipzig gegründet hatte. Er stand mit Händel, Teleman und Bach im Briefwechsel. Leopold Mozart schickte ihm seine Kompositionen zur Beurteilung und bedankte sich „vor die . . . gemachte gründliche Erinnerung“ und die „bemerkten wenigen Fehler“.
P. Meinrads „Tractatus Musicus Compositorio-Practicus, Das ist, Musikalischer Tractat“, eine praktische Schule der Kompositionstechnik und der Musiklehre, 1744 in Augsburg erschienen, wurde viel verwendet; noch Anton Bruckner hat ihn zu musiktheoretischen Studien genützt.
Die Beziehungen nach Kaufbeuren zu den Jesuiten und zur Stadtpfarrei waren traditionell gut. P. Meinrad Spieß schrieb die Musik zu Schulspielen und sang öfters das Hochamt in St. Martin. Noch heute werden Kompositionen des Irseer Paters in der Stadtpfarrkirche St. Martin aufgeführt.
Die Säkularisation von 1803 zerstörte in Irsee ein blühendes geistiges und geistliches Leben. Von 1849 bis Mitte 1972 dienten die Klostergebäude als Heil- und Pflegeanstalt. Der letzte Abt, Honorius Grüninger verbrachte seinen Lebensabend in Kaufbeuren, allerdings schon nicht mehr im Irseer Haus, sondern am Pfarrplatz. Seit 1981 ist in Irsee ein Bildungs- und Tagungszentrum des Bezirks Schwaben eingerichtet. Kaufbeuren gewinnt nicht nur durch die vielen Besucher, sondern auch durch die zahlreichen Veranstaltungen in Irsee.

Von außen wirken Chor und Halle von St. Blasius schlicht und harmonisch

Der Altar von St. Blasius ist ein Meisterwerk Jörg Lederers

St.-Blasius-Kirche

Vom Franziskanerinnenkloster führt ein schmaler Weg den Hochuferhang hinauf zur St.-Blasius-Kirche. Vielleicht handelt es sich um einen uralten Verbindungsweg zwischen dem Meierhof und der Kirche auf dem Berg. Dort oben stand zunächst eine kleinere Pfarrkirche, die dem hl. Martin geweiht war, dem Patron des fränkischen Königshauses. Es gab die Vermutung, daß an dieser exponierten Lage die Burg der 1167 ausgestorbenen Edlen von Buron gestanden haben könnte. Beweise dafür waren bisher nicht zu finden.

Das Patrozinium des hl. Blasius geht vermutlich auf das 12. Jahrhundert zurück, als Kaufbeuren welfischer Besitz war.

Zunächst säumen spätmittelalterliche Handwerkshäuser den Weg; bezeichnenderweise heißt die Straße auch „Unter dem Berg". Es handelt sich fast durchwegs um zwei- und dreigeschossige Weberhäuser, in deren hohen Kellergeschossen früher die Webstühle aufgestellt waren. Im letzten Haus lebte der Scharfrichter. An der Nordseite ist noch ein Rest der aus Tuffstein errichteten Stadtmauer zu sehen. Weiter oben am Hang sind Hausgärten von Handwerkern und den Franziskanerinnen angelegt. Der Weg mündet unmittelbar vor dem Chor der Blasius-Kirche, diesem Juwel der an Kunstschätzen nicht armen Stadt. Schon das Äußere überrascht: an den dreiseitig schließenden Chor fügt sich ein dreijochiges Langhaus an, das erheblich breiter ist als lang und eine dreischiffige Halle mit vier achteckigen, schlanken Pfeilern bildet. Der Verzicht auf Betstühle gibt dem Raum eine großzügige Klarheit.

Hinter stichbogenartigen Öffnungen an der rückwärtigen Westwand verläuft der Wehrgang der Stadtmauer, die dann über einen kurzen, zweigeschossigen Übergang mit dem mächtigen, fünfgeschossigen Rundturm der Stadtbefestigung verbunden ist. Dieser wirkt wie ein gewaltiger Kirchturm, war allerdings nie dafür gedacht, sondern diente zur Verteidigung der Stadt. Der Wehrgang in der Kirche bot der Besatzung die Möglichkeit zum Gebet und zur Teilnahme am Gottesdienst, ohne daß dadurch Verteidigungspflichten vernachlässigt werden mußten. Diese Verbindung zur Stadtmauer bestand auch schon bei der Vorgängerkirche von 1319, die ebenfalls dem hl. Blasius geweiht war. Im 15. Jahrhundert wurde dann die neue Kirche gebaut: 1436 war der Chor vollendet, 1484 das Langhaus, und im folgenden Jahr konnte die Kirche eingeweiht werden.

Um 1500 erhielt das Langhaus an der Ost-, West- und Nordseite ein einfaches Sitzgestühl. Darüber hängen in doppelter Reihe Tafelbilder aus der Zeit um 1485/90, die dem Kaufbeurer Maler Joseph Koler zugeschrieben werden, der vielfältig tätig war als Ratsherr, Bürgermeister, Spitalpfleger und Zunftmeister. In oft drastischer Anschaulichkeit erzählen die Darstellungen vom Martyrium der Apostel und vom Leben des hl. Antonius des Einsiedlers, der Heiligen Blasius, Erasmus und Ulrich. Es sind herrliche Tafeln voll Legendenseligkeit.

Mittelpunkt dieses außerordentlichen Gotteshauses ist der Hochaltar, den der Meister Jörg Lederer 1518 geschaffen hat. Lederer, um 1470 geboren, stammte wohl aus Füssen; dort wurde er 1499 im Bürgerbuch als Meister genannt. Vermutlich hat er eine Tochter des Kaufbeurer Malers Jörg Lemminger geheiratet und sich zwischen 1500 und 1507 in die Kaufbeurer Krämerzunft eingekauft, der sich neben den Schneidern auch die Maler und Bildhauer angegliedert hatten. Schon 1513 wird er „Zunftmeister der Bildhauer" genannt; wiederholt war er Ratsherr, gehörte Baubeschaukommissionen an und wurde 1530 und 1532 zum Ammann gewählt.

In Kaufbeuren erweiterte er seine Werkstatt (in der heutigen Ludwigstraße Nr. 51) zum Großbetrieb mit mehreren Meistern, Gesellen und Lehrbuben. Er exportierte viel in die Churer Diözese, zu der damals auch der Vintschgau gehörte (der Choraltar in der Latscher Spitalkirche zählt zu seinen Hauptwerken). Zwischen 1548 und 1550 ist er gestorben.

Die Figuren der hl. Ulrich, Blasius und Erasmus übernahm er offensichtlich vom früheren Altar aus dem Jahre 1436. Ihnen fügte er seine Figuren und das Sprengwerk hinzu. Von ihm stammen kleine Statuen der Evangelisten Johannes und Lukas, zwei reizvolle schwebende Engelchen und auf freistehenden Konsolen Johannes der Täufer und – als Höhepunkt – eine Anna Selbdritt. Erwin Birnmeyer hat sie treffend beschrieben: „Uralt wirkt das Gesicht und zugleich mädchenhaft, skeptisch und visionär, derb und zart, und der Blick geht zugleich nach außen und innen: eine Höchstleistung Lederers", die „zum Besten spätgotischer Schnitzkunst" gehört. Allein dieser Altar und zumal diese Plastik lohnen einen Besuch in Kaufbeuren.
Unter den filigranartigen Filialtürmchen über dem Schrein, denen die Helligkeit des Ostfensters eine besondere Leichtigkeit gibt, stehen die Gottesmutter, links von ihr der hl. Sebastian und rechts St. Christophorus. Der Meister der Innenflügel mit Darstellungen der Geburt Jesu, der Anbetung durch die Könige, der Flucht nach Ägypten und des Kindermords von Bethlehem ist unbekannt. Die Predellenbilder, eine Pfingstdarstellung sowie die hll. Jungfrauen Katharina, Barbara, Margareta und Dorothea malte der Kaufbeurer Jörg Mack.
Einen besonderen Hinweis verdienen auch die Plastiken im Langhaus: der ausdrucksvolle Kruzifixus aus der Mitte des 14. Jahrhunderts, der an einem Baumkreuz mit Aststumpen hängt; die Figur des hl. Sebastian (um 1500) rechts neben dem Chor, die Michael Erhart zugeschrieben wird; links neben dem Chor ein hl. Johannes der Täufer (nach 1500), wohl eine Arbeit des Meisters der Hirschzeller Hochaltarfiguren. Hervorzuheben ist auch ein Bildteppich (um 1510) mit dem hl. Blasius unter Vögeln und wilden Tieren.
Zurecht bezeichnet man die Kirche als „Schatzkästlein mittelalterlicher Kunst", von Kaufbeurer Meistern erbaut und ausgestaltet und in dieser Form bis heute erhalten.
Für den Besucher, der aus der Kirche tritt, öffnet sich hier der schönste Blick auf die Stadt Kaufbeuren, auf die Altstadt zu seinen Füßen und die Alpenkette im Süden.

Katholische Stadtpfarrkirche St. Martin

St. Martin war bereits im Mittelalter die wichtigste Kirche in Kaufbeuren. Von diesem Bau haben sich bis heute mehrere Teile erhalten. So die Tuffsteinquadern in der Außenmauer, Rundapsiden unter dem Chor, dann das Südportal, der kelchartige Taufstein mit Palmettenfundament, sowie ein Säulenfuß an der Südostecke des Café Weberhaus, der einen zwischen zwei Löwen sitzenden Mann darstellt. Grabungsfunde weisen auf eine frühromanische Vorgängerkirche hin.
Nach dem Stadtbrand im Jahr 1325 errichteten die Bürger einen gotischen Bau, der in der ersten Hälfte des 15. Jahrhunderts nochmals umgestaltet wurde. 1403 hatten die Kaufbeurer Meister Ulrich und Leonhard Murer zunächst einen neuen, etwa 70 m hohen Turm erstellt, der neben dem Fünfknopfturm zum Wahrzeichen Kaufbeurens geworden ist. Am 6. April 1438 („anno. d(omi)ni.mccccxxxviii.am.sechsten.tag.aberelles.hub.man.an.die.kirchen", lautet eine Inschrift am südlichen Nebeneingang) begann der Neubau von Chor und Sakristei. Es entstand ein heller Chorraum, mit hohen Fenstern, die bis hinauf zum Gewölbescheitel reichen, und einem prachtvollen sternförmigen Netzgewölbe, das außen von einem Kranz von Strebepfeilern abgestützt wird und einen reizvollen Kontrast zur schlichten Gliederung des Langhauses bildet.
Man muß den Chorraum durchschreiten, um die Großzügigkeit der Anlage zu spüren (er ist 11,50 m breit und 21 m lang). Die Wände des Mittelschiffs wurden ebenfalls neu errichtet und durch die von mächtigen Pfeilerbündeln getragenen Mittelschiffarkaden aufgelockert. Als nun die Proportionen zwischen Lang-

In der spätmittelalterlichen Blütezeit entstanden ist die Pfarrkirche St. Martin – innen wie außen ein eindrucksvolles Zeugnis der Frömmigkeit der Bürger

Nach den behutsamen Restaurierungen spürt man ahnend die Kraft des gotischen Raumes

haus und Chor nicht mehr stimmten, soll der reiche Kaufmann Ulrich Honold die Verlängerung der Kirche um ein Joch nach Westen bezahlt haben. (Das Langhaus ist 44 m lang und 26,5 m breit.) Am 23. Juni 1443 weihte Kardinal Peter von Schaumburg, der Augsburger Diözesanbischof, die neue Kirche ein. Der Architektur ebenbürtig war die vorzügliche Innenausstattung: für die Altäre leistete man sich Figuren des bedeutenden schwäbischen Bildhauers, Michael Erhart. Er schuf die überlebensgroße Muttergottes, die heute zu den Kostbarkeiten des Bayerischen Nationalmuseums gehört. Seit 1986 steht in St. Martin eine genaue Nachbildung durch den Bildhauer Otto Kobel. In St. Martin sind fünf weitere Plastiken von Erhart erhalten: die Heiligen Martin und Ulrich, Cosmas und Damian sowie ein nicht zu identifizierender Bischof – großartig gestaltete Figuren von überwältigender Aussagekraft. Michael Erhart ist zwischen 1440 und 1450 in Ulm geboren, wo er 1469 in den Steuerlisten als Bildhauer erwähnt wird. Sein Wirken ist urkundlich reich belegt, aber erst in jüngster Zeit konnte man ihm auf Grund von Stilvergleichen eine Reihe von Werken zuschreiben. Nach 1522 ist er gestorben.

Hans Kels d. Ä. schuf um 1520 die Anbetung der drei Könige, die ursprünglich wohl Teil eines Flügelaltars war und als Antependium in den 1980 geweihten Volksaltar eingelassen wurde: eine liebenswürdige Darstellung, die das Jesuskind mit offensichtlichem Vergnügen im Kästchen mit den Goldmünzen wühlen läßt.

Nach der Reformation verlangte die protestantische Bevölkerung die Mitbenützung der St.-Martins-Kirche, und nachdem die katholischen Priester die Stadt verlassen hatten, übernahm sie die Kirche. 1545 verkaufte der Bischof von Augsburg dem Stadtrat von Kaufbeuren um 400 fl. das Recht, den Stadtpfarrer von St. Martin vorzuschlagen.

Im gleichen Jahr wurden aus der Pfarrkirche alle Bilder, Altäre und Figuren herausgerissen. 1548 kam ein katholischer Geistlicher in die Stadt zurück und ließ die Altäre 1549 wieder aufstellen. Ein Kompromiß vom Jahre 1557, der die Kirche von 6–8 Uhr den Evangelischen zuwies und für den Rest des Tages den Katholiken, führte zu keiner dauernden Lösung, zumal die Zahl der Katholiken immer noch abnahm und 1584 gar nur noch ein Zehntel der Bevölkerung betrug. 1588 schlug der Kaiser eine Teilung der Kirche vor: der Chor sollte den Katholiken gehören, das Langhaus beiden Konfessionen. Schließlich erhielt die evangelische Gemeinde das Stadthaus Kaiser Maximilians.

Der 30jährige Krieg hatte der Kirche Schaden zugefügt. Ab 1683 wurde sie deshalb renoviert und zugleich barockisiert. Ein Scheingewölbe wurde aufgehängt, Josef Schmuzer stuckierte den Raum, der sieben neue Altäre erhielt. Das neue Hochaltarbild malte 1744 Georges Desmareés. Es hängt jetzt über dem oberen nördlichen Seitenausgang, denn 1893–1899 wurde die Kirche unter Stadtpfarrer Josef Landes regotisiert. Eine sorgfältige, umfassende Restaurierung in den Jahren 1977–1981 versuchte, die Kirche nach Möglichkeit wieder so herzustellen, wie sie vor 550 Jahren ausgesehen hat, und sie zugleich den Erfordernissen der nachkonziliaren Liturgie anzupassen.

Ehemalige Spitalkirche St. Dominikus

Zu den ältesten Gotteshäusern in Kaufbeuren gehört die ehemalige Spitalkirche. Vom ersten Bau, der 1182 eingeweiht wurde, haben sich die Langhausmauern erhalten. Teile davon, Tuffstein- und Fischgrätenmauerwerk aus Kieselstein, wurden an der Südseite freigelegt. Von 1263 bis 1340 betreuten Dominikanermönche die Kirche und weihten sie dem hl. Dominikus. In spätgotischer Zeit, 1483, wurde der Chor angefügt. 1709 baute man im Osten die Sakristei und errichtete im Westen des Langhauses den fünfgeschossigen, durch die reiche Gliederung zierlich wirkenden Turm mit Zwiebelhaube. Außerdem wurde der Innenraum vollständig neu gestaltet. Francesco Mazzari aus Como, der damals im Kloster Irsee be-

schäftigt war, schuf den rot und grün getönten kräftigen Stuck mit Ranken und Zweigen, Blütenkränzen und Girlanden als Rahmen für die Gemälde.
Über dem Chorbogen halten vier Putti eine ausladende Vorhangdraperie, davor zeigen zwei Engel ein Medaillonbildnis des hl. Dominikus. Der zweisäulige Stuckmarmoraltar des Münchner Hofbildhauers Balthasar Ableithner und das Chor- und Laiengestühl sind gediegene Arbeiten aus der ersten Hälfte des 18. Jahrhunderts.
Florian Bosch schuf 1922/23 Deckengemälde, die sich mit den Themen Krieg, Frieden und Auferstehung auseinandersetzen.
Seit 1921 ist die Kirche Gefallenengedenkstätte. Im Innern ist eine „Gedächtniß-Tafel" für die Gefallenen von 1805–1815 sowie der Toten des Ersten Weltkriegs. Die Namen auf einer Tafel an der Westseite erinnern an die vielen Toten des Zweiten Weltkrieges.

St. Cosmas und Damian

Die heiligen Zwillingsbrüder und Ärzte Cosmas und Damian wurden schon früh als Patrone der Apotheker und Ärzte (vor allem der Chirurgen) verehrt. Am 27. September, dem Tag ihres Festes, weihte man eine Salbe, von der Heilung bei Pest und anderen Krankheiten erhofft wurde. Als in Kaufbeuren zwischen 1482 und 1484 etwa 800 Einwohner an Beulenpest starben, das war rund ein Drittel der Bürgerschaft, beschloß man den Bau einer Kirche weit außerhalb der Stadtmauer, an der Straße nach Apfeltrang, zu Ehren der hl. Cosmas und Damian. 1494 ist sie bereits urkundlich bezeugt.
Mit dem Einzug der Reformation in Kaufbeuren verlor die Wallfahrt zusehends an Bedeutung, das Kirchlein verfiel. Als jedoch 1627 wiederum die Pest ausbrach, der etwa 2000 Menschen zum Opfer fielen, erinnerte man sich wieder an die Wallfahrt. Der Bürgermeister Johannes Waller und seine Frau Christina erwarben die Patronatsrechte für die Kirche und ließen sie zwischen 1627 und 1631 renovieren.
Bald erzählte man von wunderbaren Heilungen. Am 1. Februar 1658 schenkte die verwitwete Christina Waller die Kirche der Marianischen Kongregation. Unter der Obhut der Jesuiten nahm die Wallfahrt dann einen enormen Aufschwung, zumal es Abt Maurus von Irsee gelungen war, Reliquien der heiligen Brüder für die Kirche zu bekommen. Die Jesuiten wußten, daß der gläubige (und vielleicht noch mehr der ungläubige) Mensch Zeichen und Wunder benötigt, damit er religiöse Geheimnisse erfassen kann.
1727 stellten sie am Weg von Kaufbeuren zur Kirche 15 Bildsäulen mit Darstellungen der 15 Rosenkranzgeheimnisse auf, und als die Kirche für die vielen Gläubigen zu klein wurde, planten sie 1730 den Umbau und zugleich eine Erweiterung. Der Kaufbeurer Freskant Joseph Anton Walch (gest. 1773) malte die Fresken. Im Langhaus stellte er die Kirchenpatrone in der Glorie dar. Auf Erden verehren sie rechts die Mitglieder der Marianischen Kongregation, links Kaufbeurer Ratsherrn und Bürger. Zwei Putti halten ein Gemälde der Stadt Kaufbeuren, auf dem sich die wichtigen Straßen, Kirchen und Türme gut erkennen lassen.
Eine besondere Kostbarkeit sind die drei Altäre. Das Hochaltarblatt stammt von Hanns Ulrich Frank, 1630, der sich hier als „Mahler und Organist in Kaufbeuren" bezeichnet hat. Über dem Gebälk knien die Gottesmutter und Ignatius von Loyola, der Gründer und Patron des Jesuitenordens. Ignatius und Franz Xaver sind auch auf dem Blatt des rechten Seitenaltars dargestellt, auf dem linken Altar der Schutzengel. Eine Besonderheit der Seitenaltäre ist ihr kühner, überschäumender Rocaillerahmen. Blütengirlanden führen nach oben zum Auszug, wo sich Putti und Puttenköpfchen auf den Wolken tummeln und Strahlenkränze die Namen Mariens und Josephs umgeben.
Sogar die Sakristeischränke wurden im Hinblick auf die beiden Kirchenpatrone hergestellt, nämlich als Apothekerschränke.

Die Kirche St. Dominikus ist heute eine Gedenkstätte

St. Cosmas und Damian, die barocke Kostbarkeit Kaufbeurens, ist heute Standortkirche der Bundeswehr

Am 6. März 1810 verlangte das Kreiskommissariat in Augsburg vom Landgericht Kempten nachdrücklich den Abbruch des „ganz überflüssigen“ Gotteshauses St. Cosmas und Damian in Oberbeuren. Nur dem energischen Widerstand der Bevölkerung war es zu verdanken, daß diese Anweisung nicht befolgt wurde.
Nach umfassender Restaurierung in den vergangenen Jahren gehört das Kirchlein heute zu den Kostbarkeiten Kaufbeurens aus der Barockzeit. Als Standortkirche der Bundeswehr wird sie wieder regelmäßig für den Gottesdienst benützt.

Evangelische Stadtpfarrkirche zur Heiligen Dreifaltigkeit

Für die rasch wachsende evangelische Gemeinde in Kaufbeuren mußte eine bessere Lösung gefunden werden als die gemeinsame Nutzung von St. Martin mit den Katholiken. Eine günstige Möglichkeit bot sich in der heutigen Kaiser-Max-Straße Nr. 21. Ursprünglich befand sich hier ein Wohnhaus aus dem 14. Jahrhundert, in dem zeitweilig Kaiser Maximilian I. residierte. Die Stadt kaufte das Haus 1540 und überließ es 1604 der evangelischen Gemeinde, die es innerhalb von 39 Wochen zur Kirche umbaute.
Im Laufe der Jahrhunderte gab es mehrfach Umgestaltungen des Innenraums. 1736 wurden die beiden Emporen eingezogen, die untere an drei Seiten umlaufend, die obere im Süden über dem Altar für Orgel und Chorsänger.
Ein flaches Tonnengewölbe überspannt den hellen, geräumigen, auf Weiß und Gold abgestimmten Saalbau. Der Augsburger Kistler Michael Gross schuf 1764/65 die reich gegliederte Kanzel, neben dem Altar der wichtigste Teil der Kirche als Ort der Verkündigung: Vergoldeter Rocailledekor auf violettem Grund betont den Kanzelkorb. Auf dem geschwungenen Gebälk des kegelförmigen Schalldeckels steht das Christkind als Weltenherrscher. Kartuschen an Deckel und Korb tragen die Aufschrift LEX PER MOSEM DATA EST und GRATIA ET VERITAS PER JESUM CHRISTUM FACTA EST (Joh. 1,17: Das Gesetz wurde durch Moses gegeben, die Gnade und Wahrheit kamen durch Jesus Christus). Die Pfosten der Türe zur Kanzeltreppe sind mit eleganten Pilastern besetzt. Über dem geschwungenen Türsturz steht auf der Volutenbekrönung ein reicher vergoldeter Früchtekorb, Symbol des Gläubigen, der Früchte zum ewigen Leben sammelt.
Links und rechts der Kanzel hängen die Porträts von Dr. Johannes Matthias Lauber aus Kaufbeuren und Dr. Valentin Heider aus Lindau. Aus der zweiten Hälfte des 18. Jahrhunderts stammt der prachtvolle Silberschatz, darunter die Hostientruhe in Form einer Bundeslade und die kostbaren Abendmahlskannen.
Rahmen und Suppraport der überlebensgroßen Darstellungen Christi, Mose und der zwölf Apostel sind dem Stil der Kanzel angeglichen. Die Gemälde stammen aus dem Jahre 1659 und sind ein Werk des aus Kaufbeuren gebürtigen Malers und Radierers Hanns Ulrich Frank (1603–1680).
1820 erhielt die Kirche wegen einer Erhöhung um zwei Meter ein neues Gewölbe. Zugleich wurde der schöne, 44 m hohe Turm errichtet, ein viergeschossiger Bau mit abgeschrägten Ecken, Schallöffnungen und Zifferblättern am obersten Geschoß. Die geschwungene Zwiebelhaube vermittelt den Eindruck barocker Leichtigkeit und ergibt einen reizvollen Akzent im optischen Zusammenspiel der Kaufbeurer Türme.
Zu Beginn des 20. Jahrhunderts erhielt die Kirche ihr heutiges Aussehen: Stukkaturen in Jugendstilformen und, 1904, Fresken von Kunz Meyer mit Darstellungen von Christi Himmelfahrt, Pfingsten und der Bekehrung des hl. Paulus.

Kath. Friedhofskirche Hl. Kreuz

Ursprünglich hatte die Stadt nach den schlimmen Pestjahren 1482–1484 auf dem Pestfriedhof vor den Stadtmauern im Süden der Stadt eine Kirche gebaut und sie dem Patron gegen die Pest, dem hl. Sebastian geweiht.
1805 wurde sie wegen der Verlegung des Friedhofs nach Westen abgebrochen. Schon 1825 bis 1826 erbaute man eine neue Kirche und weihte sie dem Hl. Kreuz. Der einfach gegliederte Raum erhielt 1987/88 in einer geglückten Renovierung sein heutiges Aussehen. Von Anfang an, seit 1826, bildete ein eindrucksvolles Kreuz aus der ersten Hälfte des 17. Jahrhunderts, das als Lebensbaum gestaltet ist, den Mittelpunkt der Kirche. An Christi Leiden, Tod und Auferstehung erinnern eine höchst lebendige Reliefgruppe der Beweinung Jesu aus dem Anfang des 16. Jahrhunderts, die vorne in den Altartisch eingelassen ist, und ein Auferstehungschristus aus dem späten 15. Jahrhundert. Sie sind ebenso tröstlich wie das Gemälde vom Tod des hl. Josef, das der Kaufbeurer Georg Alois Gaibler (1751–1813) gemalt hat.

Herz Jesu in Neugablonz

Seit dem Ende des Zweiten Weltkriegs wuchs Kaufbeuren von etwa 15000 Einwohnern auf über 40000. Deshalb mußten weitere katholische Kirchen, eine zusätzliche evangelische und eine altkatholische Kirche gebaut werden. Jede ist auf ihre Weise Ausdruck der Bau- und Entstehungszeit.
Ein Beispiel für die neuen Kirchen ist Herz-Jesu im Stadtteil Neugablonz, die der Allgäuer Architekt Thomas Wechs (1893–1970) geplant hat. In großzügiger Voraussicht wurde in den Jahren 1955–1956 ein stattlicher Bau mit 56 m Länge und 24 m Breite errichtet. Wechs wählte strenge, nüchterne Formen und Beton als Baumaterial. Die Kirche war Ausdruck einer sachlichen Lebenseinstellung, eines Bemühens, mit den vorhandenen Gegebenheiten fertigzuwerden. Zugleich sollte sie ein Stück Heimat repräsentieren: auch in Gablonz hatte es eine Herz-Jesu-Kirche gegeben.
Der Rhythmus der schmalen, fast bis unter das Dach reichenden Fenster führt den Blick nach vorne zum fensterlosen Chorraum, der nur von der Kuppel beleuchtet wird und den der überlebensgroße Kruzifixus von Andreas Bindl und die Mosaiken von Georg Bernhard prägen.
Im April 1957 konnte die Kirche eingeweiht werden; am Weihnachtsabend läuteten erstmals die neuen Glocken, deren Inschriften an die verlorene Heimat erinnern: „Du Mutter der Vertriebenen, Dir war unsere Heimat geweiht, sei uns auch hier unsere Helferin und bitte für uns bei Gott“, lautet die Inschrift auf der größten Glocke. „Hl. Johannes von Nepomuk, Du Schutzherr unserer Heimat, bitte für uns!“ steht auf der zweiten, „Ihr Gefallenen und Toten unserer Heimat, ihr bleibt uns unvergessen!“ auf der dritten Glocke. Der 58 m hohe Kirchturm wurde rasch zum Wahrzeichen von Neugablonz.

Stadtbefestigung

Mit dem Ausbau zur Stadt um 1200 wurde auch ein Mauerschutz für die neue Marktansiedlung nötig. Dieser war ziemlich aufwendig, denn er mußte über die Buchleuthe geführt werden, den Höhenzug, der die Stadt im Westen begrenzt. Dort oben steht noch heute das besterhaltene Stück der alten Stadtmauer, eine Füllmauer, die auf beiden Seiten mit Tuffsteinquadern verkleidet ist, abgeschlossen von einem Wehrgang. Seit dem späten Mittelalter wurde die Stadtmauer hier kaum mehr verändert.
Auch im Stadtbereich sind noch erhebliche Teile der Stadtmauer zu sehen, zum Teil sogar mit Wehrgang,

Der Innenraum der Dreifaltigkeitskirche wurde erst zu Beginn des 20. Jahrhunderts gestaltet

Die Friedhofskirche Hl. Kreuz wurde 1825/26 erbaut und erst vor kurzem restauriert

vielfach jedoch so stark verbaut und mit den angrenzenden Häusern verbunden, daß sie nicht mehr deutlich zu erkennen sind.
Als die Stadt 1802 zu Bayern gekommen war, mußten die Stadttore niedergelegt werden. Zu den Überresten des Kemptener Tores gehört das Zollhäuschen, das mit seinem steinernen Aufgang und seinen Fenstern zur Stadt schaut. Die Nordseite zur Straße hin ist befestigungsartig abgerundet und enthält nur Schießscharten.
Vom Stadtgraben hat sich ein bescheidener Rest erhalten, der sogenannte Schwanenweiher im Osten der Altstadt neben dem Rathausanbau. Ursprünglich war die Stadtmauer mit zwölf Türmen befestigt, eine heilige Zahl, durch die Kaufbeuren zum Abbild des himmlischen Jerusalem wurde. Einige davon stehen noch heute und prägen das Stadtbild. Alle stammen wohl aus der Zeit um 1420, als die Stadtmauer verstärkt wurde.
Da ist zunächst der **Fünfknopfturm,** neben der Martinskirche das markante Wahrzeichen der Stadt, der den Westzug der Mauer beherrschte und sicherte. Das sechsgeschossige quadratische Bauwerk mündet in ein Zeltdach und in polygonale Scharwachttürmchen an den vier Ecken. In dem großen Spitzbogen zwischen dem zweiten und vierten Geschoß befindet sich zur Stadtseite hin ein Kriegsdenkmal von 1917. Südlich davon steht der Hexenturm, ein niedriger, vierseitiger Turmstumpf, nördlich der Blasiusturm.
Für den Erhalt und die Verteidigung von Stadtmauer und Türmen waren einzelne Bevölkerungsgruppen und Zünfte zuständig. Die Namen machen das bisweilen noch deutlich. Der **Gerberturm,** zum Beispiel, der zwischen der Leder- und der Schmiedgasse steht, wurde von den Gerbern in der Ledergasse besetzt. Die Dreiecksgiebel und die gestuften Ost- und Westgiebel geben ihm ein charakteristisches Aussehen.
Beim ehemaligen Heilig-Geist-Spital steht der **Sywollenturm** (mittelhochdeutsch sinwel = rund), ein sechsgeschossiger Rundturm mit Kegeldach.
Der sogenannte **Münzturm,** unmittelbar bei St. Martin, gehörte zur Friedhofsmauer und nicht zur Stadtbefestigung. Der Turm hat in zwei Geschossen sechsteilige Gewölbe, unten mit, oben ohne Rippen. Seine gedrungene, mächtige Form führte zur irrigen Ansicht, daß sich dort ehemals das „Schatzhaus" der Stadt befunden habe.

Öffentliche Gebäude

Das Rathaus

Aus spätgotischer Zeit hatte sich auch in Kaufbeuren ein stattliches, reichsstädtisches Rathaus erhalten. Vor allem nach 1803 aber wurde das Gebäude so vernachlässigt, daß die Regierung von Schwaben und Neuburg den Einsturz befürchtete und 1859 den Abbruch und einen Neubau anordnete. Die Stadtverwaltung mietete das gegenüberliegende Gebäude in der Kaiser-Max-Straße Nr. 4 an, damit Magistrat und Angestellte weiter arbeiten konnten. Vor dem Neubau mußten zunächst die Baukosten angespart werden; es gab Aufschläge auf Malz, Getreide, Mehl und Fleisch, auf Jahr- und Viehmärkte und auf die Schranne. 1879 konnte der Grundstein für einen Neubau gelegt werden, den Georg von Hauberrisser im Stil der Neurenaissance entworfen hatte. Im März 1887 wurde das neue Rathaus feierlich eingeweiht, ein unverputzter Backsteinbau mit Sandsteineinfassungen der Fenster. Nach dem Rathausbrand vom 20. Juni 1960 wurde der Bau verputzt, außerdem vereinfachte man das vorher allzu aufwendige Äußere. Der Stadtrat konnte sich jedoch nicht dazu entschließen, das Walmdach durch ein Satteldach zu ersetzen, das vielleicht besser zu den Altstadthäusern gepaßt hätte. Das starke Anwachsen der Bevölkerung nach 1945 machte einen Erweiterungsbau nötig, der 1969–1971 ausgeführt wurde.

Wilhelm Lindenschmitt schuf 1888 die allegorischen Wandgemälde im großen Sitzungssaal: an der östlichen Saalwand eine Stadtbelagerung, dazu die Darstellung von fünf Bürgertugenden: Vaterlandsliebe, Gerechtigkeit, Wohltätigkeit, Häuslichkeit, Arbeitsamkeit. Weitere Bürgertugenden, nämlich die rasche Tat, die Weisheit und den guten Rat zeigen Einzelbilder an der Westseite.
Im kleinen Rathaussitzungssaal, dem heutigen Trauungszimmer, malte Ludwig Herterich 1893 die „Verkündigung eines Privilegbriefes durch einen kaiserlichen Herold für die Bürger Kaufbeurens im Jahr 1330“ und „Kaiser Maximilian an einem Armbrustschießen der Kaufbeurer Schützengilde teilnehmend“.
Die **Kaiser-Max-Straße,** ursprünglich ein langer Straßenmarkt, bildet zusammen mit dem Straßenzug des Salzmarktes und der St.-Martins-Kirche den Mittelpunkt der Stadt. Im Gegensatz zu den übrigen Straßen mit ihren schmalen Giebelbauten überwiegen hier die stattlichen, meist dreigeschossigen Traufseithäuser, die in ihrer architektonischen Vielfalt den festlichen Charakter der Straße bestimmen. Gleich schräg gegenüber dem Rathaus steht das Hörmannhaus, das 1530 als adeliges Freihaus errichtet wurde. Der Erbauer, Georg Hörmann, war Verwalter der Fuggerschen Bergwerke in Hall und Schwaz in Tirol. Kaiser Karl V. verlieh ihm den Adelsbrief, Ferdinand I. ernannte ihn zum kaiserlichen Rat. Er benannte sich nach seinem Adelssitz zu Gutenberg, südöstlich von Kaufbeuren. Das Portal mit Sandsteineinfassung und der Inschrift „DA PACEM DOMINE – Gib Frieden, Herr“ schuf der Kaufbeurer Künstler Christoph Ler (1542). Das Haus umfaßte 78 Räume mit einer reichen Sammlung von Kunstwerken.
Unmittelbar gegenüber steht ein ebenbürtiges Patrizierhaus mit einer reichen, geschmacksicheren spätbarocken Fassadengliederung von 1770/1780. Bemerkenswert sind die geschwungenen stuckierten Fenstergesimse und die von Pilastern gerahmten Portale. An der Hofseite findet sich ein Wappenstein der Familie Heinzelmann.
Zu den vielen schönen Gebäuden in dieser Straße gehört die Stadtapotheke, ein spätmittelalterliches Haus, das 1729 ausgebaut wurde und 1880 eine vornehme neubarocke Fassade erhielt. 1543 ist die Stadtapotheke erstmals erwähnt, und seitdem gab es in dem Gebäude immer eine Apotheke. Im mehrgeschossigen Dachboden ist noch die alte Kräuterkammer von 1729 mit einer vollständigen Einrichtung erhalten: Mäuseringe, Mischtrommeln, Teebleche und Teesiebe sowie eine Fülle von alten Holz-, Ton- und Glasgefäßen. „Der Herr läßt die Arznehen auss der Erde nehmen und ein Vernünftiger verachtet sie nit“ lautet die Aufschrift auf einem Brett im Dachboden. – Architektonische Kostbarkeiten finden sich nicht nur an den Fassaden, sondern in vielen Häusern dieser Straße. Da gibt es prachtvolle Treppenbaluster, Kreuzrippengewölbe aus der Spätgotik mit rundem Mittelpfeiler, vornehme Renaissancearchitektur, stuckierte Decken, Putti, Blütengehänge mit Rocaillekartuschen, Türfüllungen mit hervorragenden Veduten, reizvolle Innenhöfe und Arkaden. In der Mitte des Marktplatzes, vor der Dreifaltigkeitskirche wurde 1753 der **Neptunbrunnen** errichtet, den der Augsburger Stadtsteinmetzmeister Johann Wolfgang Schindel geschaffen hat. Inmitten eines achteckigen Beckens steht auf einem vierseitigen Obelisk der Gott Neptun, der sich mit der Rechten auf eine Kartusche mit dem Kaufbeurer Stadtwappen stützt.
Vom Rathaus führt links die Straße zum Rosental und zum Stadttheater. 1805 erwarb die „Dramaturgische Liebhabergesellschaft“ den ehemaligen Salzstadel und ließ ihn zum **Stadttheater** ausbauen. Der Münchener Hoftheatermaler Joseph Hungermüller malte den Theatervorhang, der älteste in Deutschland, der noch in Gebrauch ist. Dargestellt ist Pallas Athene, der die Musen Thalia (Lustspiel) und Melpomene (Trauerspiel) huldigen. Außerdem ist das **Puppentheater** in der Wertachschleife zu erwähnen, das über einen Fundus von über 500 Puppen und über ein reiches Spielrepertoire verfügt.
Den Besuchern der Stadt Kaufbeuren, die mit der Bahn anreisen, fällt gleich gegenüber dem Bahnhof der große **Stadtpark** auf. Schon 1428 wird hier ein Weiher erwähnt, und Kaiser Maximilian soll in dem sumpfigen Gelände vor der Stadtmauer gejagt und gefischt haben. 1893 ließ die Stadt mit großzü-

Das Rathaus in der Kaiser-Max-Straße steht an der gleichen Stelle wie sein gotischer Vorgänger

Brillen

gigem Weitblick diesen prachtvollen Park anlegen, an den nach Osten die Sportstätten der Stadt grenzen. Auf der Grünanlage im Süden der Kirche Herz Jesu in Neugablonz steht der **Rüdigerbrunnen,** dessen Schicksal ein bezeichnendes Beispiel für unser Jahrhundert ist. 1904 gab die Stadt Wien bei Franz Metzner, dem Schöpfer der Figuren am Leipziger Völkerschlachtdenkmal, einen Nibelungenbrunnen in Auftrag. Der Bildhauer fertigte Entwürfe und goß als erste die Figur des Rüdiger. Nach dem Krieg wurde der Auftrag zurückgezogen, 1918 lagerte der Rüdiger in einem Prager Magazin. 1924 erwarb die Stadt Gablonz die Bronzefigur um 50000 Kronen und ließ 1931 bei der neuerrichteten Herz-Jesu-Kirche einen Rüdigerbrunnen aufstellen. 1945 stürzten die Tschechen die Figur vom Sockel; wieder wurde sie bei Prag gelagert. Um 40000 Mark bot man sie dann Neugablonz an, und am 17. Februar 1970 kam sie nach Kaufbeuren. Hier wurde am 30. August 1970 der neue Rüdiger-Brunnen eingeweiht, als Zeichen dafür, daß Neugablonz endgültig zur Heimat der Gablonzer geworden war.
Zur Erinnerung an Vertreibung und Flucht wurde gegenüber der Kirche das **Vertriebenendenkmal** „Auf der Flucht“ von Hanne Wondrak aufgestellt als eindrucksvolles Zeugnis für Elend und Not der Heimatvertriebenen. Es steht mit Recht in Neugablonz, der einzigen Nachkriegssiedlung, in deren Namen auch der Name einer Stadt aus dem Vertreibungsgebiet weiterlebt.

Staatliche Berufsfachschule für Glas und Schmuck

Zu den wichtigen wirtschaftlichen, aber noch weit mehr zu den bedeutendsten kulturellen Einrichtungen in Kaufbeuren gehört die Staatliche Berufsfachschule für Glas und Schmuck in Kaufbeuren-Neugablonz. Sie verdient es, als Beispiel für viele andere Schulen der Stadt vorgestellt zu werden, denn sie ist zugleich ein Symbol für unermüdliche Bereitschaft, aus dem Nichts etwas aufzubauen, und für die Einsicht, daß die Fertigung von künstlerischen Glas- und Schmuckwaren bester technischer und geistiger Grundlagen bedarf.
Mit bewundernswerter Energie und kluger Weitsicht begann am 14. Oktober 1947, in einer Zeit also, die eher zu Resignation und Mutlosigkeit eingeladen hätte, der Unterricht in Räumen der städtischen Berufsschule. Auf einem Kahlschlag an der Sudetenstraße wurde dann 1949 eine Schulbaracke aufgestellt, die mit 65 Schülern voll belegt war. Ein Wagnis zu dieser Zeit, wo es nach kurzer Blüte seit der Währungsreform für die Gablonzer Industrie schlecht aussah. Zudem glaubten viele noch an die Möglichkeit einer Rückkehr. Doch sah man es als grundlegende Vorbedingung für eine sinnvolle Weiterentwicklung an, die zukünftigen Gold- und Silberschmiede, die Graveure und Gürtler, die Hersteller von Glasschmuck, die Glas- und Porzellanmaler in Gestaltung und solider Handwerkstechnik so umfassend und gediegen wie möglich auszubilden. 1957 wurde eine Schule gebaut, die von 1961 bis 1993 von Gerhard Glüder zielstrebig geleitet wurde. Die Schüler sollten die Verbindung von Idee, Entwurf und Ausführung als einen zusammengehörenden Prozeß begreifen lernen. Überkommenes Wissen, handwerkliche Fertigkeiten, durch Jahrhunderte gewachsene Formen und Modelle werden hier durch Ideen und Techniken des 20. Jahrhunderts befruchtet.

Literatur und Wissenschaft

Die frühesten literarischen Zeugnisse erwuchsen nicht aus dem bürgerlichen Bereich, sondern aus dem höfischen Umfeld. Um 1230 schrieb **Albrecht von Kemenaten** das Epos „Goldemar“, eine Erzählung aus dem Bereich der Dietrichsage, von der nur Bruchstücke erhalten geblieben sind.

Von den mittelalterlichen Passions- und Osterspielen, die sicherlich auch in Kaufbeuren aufgeführt wurden, ist uns wenig überliefert. Faßbar wird dann erst wieder **Thomas Naogeorg** (eigentlich: Kirchmair oder Kirchmayer), der 1511 in Hubelschmeiß bei Straubing geboren wurde, Jura und Theologie studierte und sich 1530 der Lehre Luthers zuwandte. Von 1546–1548 wirkte er in Kaufbeuren als Prediger und Literat und schrieb hier an seinem „Carmen de bello Germanico" („Gedicht über den Deutschen Krieg"), eine Verteidigung der im Schmalkaldischen Krieg unterlegenen Fürsten. Er starb 1563 in Wiesloch/Baden. Wenig später, 1562, verfaßte der Augsburger Magister **Michael Hecht,** der von 1561 bis 1598 evangelischer Prediger in Kaufbeuren war, für die Reichsstadt ein Passions- und Osterspiel. Vielleicht beeinflußte dies auch die Gründung der „Bürgerlichen Komödianten- und Agentengesellschaft A. C." um das Jahr 1570, der namhafte Patrizier der Stadt als Mitglieder angehörten und die sich intensiv um die Pflege des Theaterspiels bemühte.

Um 1572 kam **Johannes Brummer** aus Hoy in Westfalen nach Kaufbeuren, wo er Direktor des Gymnasiums wurde. Er war ein eifriger Förderer des Schultheaters und schrieb selbst eine dialogisierte Fassung der Apostelgeschichte, in der 246 Personen auftraten. 1593 wurde der Text in Lauingen unter dem Titel „Tragicomoedia Acta Apostolica. Das ist: Die Historien der heiligen Aposteln Geschicht" gedruckt. Von den regelmäßigen und erfolgreichen Aufführungen der Jesuiten war im Zusammenhang mit der Jesuitenresidenz die Rede.

1724 bestellte der wohlweise evangelische Rat der freien Stadt Kaufbeuren nach kritischem Anhören einer Probepredigt und einer Probekatechese mit einer Stimme Mehrheit den jungen Augsburger Theologen **Jakob Brucker** (1696–1770) zum dritten Geistlichen an der Kirche zur Heiligen Dreifaltigkeit und zum Rektor der sechsklassigen Lateinschule. Er war ein im Glauben verankerter lutherischer Christ, zugleich aber, als Augsburger an Parität gewöhnt, von erstaunlicher Toleranz gegenüber katholischen Wissenschaftlern und Geistlichen. Die Kaufbeurer wußten seinen Arbeitseifer zu nutzen. Neben seinem Schulamte mußte er „jährlich 120 Predigten halten"; Andachten, Krankenbesuche, Gottesdienste kosteten ihm ebenfalls viel Zeit. Vor allem aber war er Rektor der Lateinschule und unterrichtete deren vier Klassen gleichzeitig, fürwahr eine „Pferdearbeit", wie er einmal stöhnte.

1732 hatte Brucker die Kaufbeurer Ratsherrentochter Anna Barbara Mayer geheiratet, die elf Kindern das Leben schenkte.

1735 entwarf er eine neue Schulordnung, die neben der überkommenen sprachlich-humanistischen Erziehung auch die Einführung sogenannter „Realien" wie Geschichte und Geographie vorschlug. Es dauerte zwei Jahre, ehe der Rat diese Vorschläge annahm, denn sie bedeuteten zusätzliche Ausgaben, wie zum Beispiel den Kauf von Landkarten.

Alle diese Aufgaben und Ämter schienen Brucker völlig zu beanspruchen, und doch entstand daneben ein gewaltiges wissenschaftliches Werk. Von 1731 bis 1736 veröffentlichte er in Ulm eine Geschichte der Philosophie von den Anfängen bis zur Aufklärung mit 9153 Seiten. Sie hatte den Titel „Kurze Fragen aus der Philosophischen Historie von Anfang der Welt bis auf die Geburt Christi mit ausführlichen Anmerkungen in sieben Teilen und neun Bänden". 1737 folgten „Neue Zusätze verschiedener Vermehrungen, Erläuterungen und Verbesserungen der kurzen Fragen aus der Philosophischen Historie", 1742 erschien eine lateinische Umarbeitung des Gesamtwerks in fünf Bänden.

Aus pädagogischen Gründen brachte Brucker dann 1736 für den Schulgebrauch eine vereinfachte und stark gekürzte Ausgabe heraus, den sogenannten „kleinen Brucker", nach dem auch Goethe die Philosophiegeschichte gelernt hatte.

Äußere Ehren blieben nicht aus: Brucker wurde zu einem der ersten Mitglieder der Bayerischen Akademie der Wissenschaften ernannt und erhielt die Mitgliedschaft in zahlreichen gelehrten Gesellschaften. Den Ehrendoktor der Universität Tübingen (1741) pflegte er nicht zu führen, weil er ihn nicht erworben,

An Uhr und Turm der Prinzregentenschule werden sich die Schüler noch lange erinnern

Das Puppentheater in Kaufbeuren schlägt Kinder und Erwachsene in seinen Bann

sondern geschenkt bekommen hatte. 1744 wurde Brucker als Pastor an die Heilig-Kreuz-Kirche in Augsburg berufen, und 1757 wählte man ihn zum Nachfolger des Stadtpfarrers von St. Ulrich. 1770 ist er in Augsburg gestorben, nachdem er in seiner Bibliothek von der Leiter gefallen war.

„Sie war die wunderbarste Frau, und ich wüßte ihr keine andere zu vergleichen. Schlank und zart gebaut, eher groß als klein, hatte sie bis in ihre höheren Jahre eine gewisse Eleganz der Gestalt sowohl als des Betragens zu erhalten gewußt, die zwischen dem Benehmen einer Edeldame und einer würdigen bürgerlichen Frau ganz anmutig schwebte“, schrieb Goethe im 13. Buch von „Dichtung und Wahrheit“. Die Rede war von **Sophie von La Roche,** die am 6. Dezember 1730 als erstes von dreizehn Geschwistern in Kaufbeuren in der Ludwigstraße Nr. 2, dem späteren Zollamt, geboren wurde.

Der Vater, Georg Friedrich Gutermann (1705–1784), kam 1730 als Stadtphysikus nach Kaufbeuren. 1735 übernahm er die gleiche Stelle in Lindau, 1741 wurde er in das Collegium medicum der Stadt Augsburg aufgenommen. Sophie war ein aufgewecktes Kind, das sich für ihre Umgebung interessierte und in den Kaufbeurer Kinderjahren entscheidend geprägt wurde. Mit drei Jahren soll sie gelesen, mit fünf die Bibel vollständig „durchgelesen“ haben. Die Zwölfjährige ernannte der Vater zu seiner Bibliothekarin. 1744 berief Fürstbischof Josef den 27jährigen Veroneser Gian Lodovico Bianconi als Leibarzt nach Augsburg.

Der gewandte Bianconi wurde in das Gutermannsche Haus eingeladen. Er gab Sophie Unterricht in Mathematik, Zeichnen und Italienisch und warb um sie. Die nachfolgende Verlobung wurde aber wieder gelöst, weil man sich wegen des Glaubens der späteren Kinder nicht einigen konnte.

Der Vater schickte sie nach Biberach zu seinem Jugendfreund, dem Pfarrer Thomas Adam Wieland. Dessen 17jähriger Sohn Christoph Martin verliebte sich in die gebildete 20jährige Sophie. Wieder kam es zu einer Verlobung. Sophie mußte nach Augsburg zurück, und 1753 heiratete sie Georg Michael La Roche, den Sekretär und Vertrauten des Mainzer Hof- und Staatsministers Graf Anton Heinrich Friedrich von Stadion. La Roche kümmerte sich um Sophies weitere Ausbildung, und sie lernte ihren Mann immer mehr schätzen.

In den 60er Jahren, als die zwei ältesten Töchter im Internat waren, begann Sophie schriftstellerisch tätig zu werden: sie schrieb den Roman „Geschichte des Fräuleins von Sternheim“: „Ich wollte nun einmal ein papierenes Mädchen erziehen, weil ich meine eigenen nicht hatte, und da half mir meine Einbildungskraft.“

Das Buch erschien 1771 anonym in Leipzig, von Wieland herausgegeben, und hatte einen riesigen Erfolg. „Man wird nun hoffentlich bald aufhören, von diesem Buche zu reden, und fortfahren, es zu lesen und zu lieben“, schrieb Goethe in einer lobenden Besprechung.

La Roche war 1770 in die Dienste des Erzbischofs und Kurfürsten Clemens Wenzeslaus von Trier (zugleich Bischof von Augsburg) getreten, der ein überzeugter Verehrer der 1744 verstorbenen Crescentia Höß war und maßgeblich zur Beförderung des Seligsprechungsprozesses beitrug. Die Familie La Roche lebte jetzt in Ehrenbreitstein, führte dort ein gastliches Haus, in dem auch Goethe gerne verkehrte. Eben dieser sah aber auch Sophies Schwächen: „Sie schien an allem teilzunehmen, aber im Grund wirkte nichts auf sie. Sie war mild gegen alle und konnte alles dulden, ohne zu leiden.“

Weitere Bücher erschienen, vor allem solche mit erzieherischen Themen. Als La Roche 1780 entlassen wurde, erbrachte die Schriftstellerei eine erwünschte Nebeneinnahme. Sophie wollte gar die „Erzieherin von Teutschlands Töchtern“ sein. In der Theorie hatte sie die Erziehungserfolge, die ihr bei den eigenen Kindern weniger gelungen waren. Ihre vielen Bücher erzielten nur noch Achtungserfolge. Nach dem Tod ihres Mannes, 1788, vereinsamte sie zusehends.

Sophie kümmerte sich um ihre Enkelkinder, denen sie viel von ihrer Jugend erzählte, wohl auch von der Kaufbeurer Weberstochter und Franziskanerin Crescentia Höß. Clemens Brentano, ihr begabtester Enkel, veröffentlichte ein Lied Crescentias in der Sammlung „Des Knaben Wunderhorn“ unter dem Titel „Letzter Zweck aller Krüppelei. Altes Manuskript.“ Als Sophie von La Roche am 18. Februar 1807 starb, waren die Angehören nur in Sorge, sie könnte Schulden hinterlassen haben.

Ein knappes Menschenalter später, 1756, wurde in Kaufbeuren **Christoph Jakob Wagenseil** als Sohn des Weinhändlers und späteren Cotton-Fabrikanten Philipp J. Wagenseil geboren. Am Gymnasium in Ulm lernte er den Dichter Christian Friedrich Daniel Schubart kennen, beim Studium der Rechtswissenschaften in Göttingen traf er Mitglieder des Göttinger Hainbundes (Gedichte von ihm erschienen im Göttinger Musenalmanach), er besuchte Klopstock, Wieland, Claudius und Goethe.

1779 kehrte er nach Kaufbeuren zurück und gab hier von 1780–1786 ein „Gemeinnütziges Wochenblatt für Bürger ohne Unterschied des Standes und der Religion“ heraus, 1787 ein Intelligenzblatt. Zwei Jahre später wurde er zum Stadtgerichtsaktuarius ernannt, 1794 war er dann bereits Kanzleirat und erwarb als Verwaltungsbeamter große Verdienste um Schule, Theater und die Bildung der Bevölkerung. 1787 heiratete er Magdalena Sybilla Schütz, eine Tochter des Memminger Bürgermeisters, mit der er 11 Kinder hatte.

Nach der Aufhebung der Reichsunmittelbarkeit von Kaufbeuren nahm er die Stelle eines Kurfürstlich Bayerischen Stadtkommissars und Polizeidirektors in Kempten an und wurde 1817 als Regierungsrat nach Augsburg versetzt. Er starb 1839.

Neben seinen dienstlichen Tätigkeiten entstand ein umfangreiches dichterisches und schriftstellerisches Werk von großer Vielfalt: Gedichte, Balladen, Oden, Kantaten, Epigramme, Reden, Fabeln, Schau- und Singspiele, ein Bildungsroman („Schildheim, eine deutsche Geschichte“, 1779) sowie Aufsätze, Abhandlungen und Übersetzungen. Zur Vermittlung von Dichtung für eine breite Bevölkerungsschicht gab er einen „Litterarischen Almanach“ als „Magazin von und für Schwaben“ heraus und förderte eine Leihbücherei. Stets blieb er seinem Grundsatz verhaftet, Gutes, Wahres und Schönes zu verbreiten und den Mitmenschen zu nützen.

Zu den bedeutenden Wissenschaftlern und Autoren, die aus Kaufbeuren stammen, gehören auch Peter Johannes Schegg und Max Westermaier.

Peter Johannes Schegg wurde 1815 als Schuhmachersohn in Kaufbeuren geboren. Er besuchte das Gymnasium in Kempten, legte mit 17 Jahren das Abitur ab und wurde als 23jähriger zum Priester geweiht. 1843 kam er als Professor der biblischen Fächer und Sprachen an die philosophisch-theologische Hochschule nach Freising. Eine Vielzahl von Büchern erschien, darunter mehrere Arbeiten zu den Propheten, zu den Psalmen und zu den Evangelisten.

1868 erfolgte die Berufung auf den Lehrstuhl für neutestamentliche Exegese und orientalische Sprachen in Würzburg, 1872 kam er nach München. Hier ist er 1885 gestorben. Im Todesjahr stiftete er, wie im Zusammenhang mit der Jesuitenresidenz erwähnt, 30 000 Goldmark für ein katholisches Waisenhaus.

Max Westenrieder wurde 1852 als Sohn eines königlichen Advokaten in Kaufbeuren geboren. Nach dem Gymnasium in Kempten studierte er in München Botanik. In Berlin habilitierte er sich und wurde Privatdozent. Seine offene Parteinahme für den Katholizismus verhinderte die Ernennung zum Professor, obwohl ihm seine zahlreichen Veröffentlichungen wissenschaftliches Ansehen in der Fachwelt sicherten. Nach einigen Jahren Tätigkeit an der philosophisch-theologischen Hochschule in Freising erhielt er einen Ruf an die neugegründete Universität in Freiburg in der Schweiz. Auch hier blieb es sein Anliegen, nachzuweisen, daß Glaube und Wissenschaft sich nicht ausschließen müssen. In seinem Privatleben verwirklichte er eine tätige Nächstenliebe, verschenkte sein gesamtes Einkommen, besuchte Kranke, Alte und Arme, unterstützte sie mit Geld und durch das persönliche Gespräch. Er gehörte zeitlebens zu den großen Verehrern der seligen Crescentia von Kaufbeuren, und trat dem Dritten Orden bei. 1903 ist er in Freiburg gestorben. 1943 wurde der Seligsprechungsprozeß für ihn eingeleitet.

Die Villa Momm steht für den wirtschaftlichen Aufschwung in der Gründerzeit

Trotz des großen Vorbilds ist das Tempelchen im Jordan-Park ein unverwechselbares Stück Kaufbeuren

Ludwig Ganghofer

Als Ludwig Ganghofer, mittlerweile längst einer der erfolgreichsten Schriftsteller seiner Zeit, den 50. Geburtstag feierte, erbat die Stadt Kaufbeuren von ihm die Zustimmung zu einer Gedenktafel an seinem Geburtshaus. Zur Enthüllung am 3. November 1906 kam er selbst nach Kaufbeuren und stand nach 46 Jahren zum erstenmal wieder am Kirchplatz vor dem Probstschen Haus, in dem er geboren worden war und die ersten vier Lebensjahre verbracht hatte. Beim Betreten der Wohnung kamen ihm vertraute Eindrücke in den Sinn, wie der Blick aus der Öffnung der Ausgußröhre, den der Knirps so schön gefunden hatte: „Hier, vor diesem Steintrog, konnte ich unermüdlich aushalten und träumend das kleine, schöne Bild betrachten, das durch die runde Lücke zu sehen war: spitze, steile Dächer, auf denen die Katzen spazieren gingen und die Tauben saßen; Mansardenfenster, aus denen bald ein altes Frauengesicht und bald ein Schornsteinfeger herausguckte; über den Dächern ein hoher Kirchturm mit läutender Glocke, von Schwalben umflogen; und hinter allem der helle Himmel mit den weidenden Silberschäfchen auf der blauen Wiese."
Am 7. Juli 1855 wurde er hier geboren, und zeit seines Lebens erschienen ihm die Jahre in Kaufbeuren wie eine geruhsame, vor allem friedliche Idylle. Er hat später gerne auf die Prägung seines Wesens durch die frühen Jahre in Kaufbeuren hingewiesen und erinnerte sich an „liebe und gute" Bekannte, die ihm unvergeßlich blieben. In der Erinnerung blieb ihm auch das Tänzelfest vom Jahre 1859, als man „in festlichem Zuge ... nach einem kleinen, vor der Stadt gelegenen Wäldchen – nach dem ‚Tänzelhölzle'" marschierte. – Ganghofers Stellung in der Literaturgeschichte ist nicht unumstritten. Schon die zeitgenössischen Schriftstellerkollegen hatten sich – nicht immer ganz frei von Konkurrenzneid – über den erfolgreichen Autor mokiert; selbst Ludwig Thoma, der Freund, bemängelte die fehlende Selbstkritik und meinte, „wenn zehn Worte genügen, schreibt Ganghofer elf".
Aber selbst wenn Ganghofer die Handlung allzusehr konstruierte, die Helden bis zur Unglaubwürdigkeit idealisierte, eine Sprache erfand, die es nirgends gab und die er den „gemilderten Dialekt" nannte und für die Nichtbayern das Klischee vom fremdenverkehrskonformen Alpenland prägte: man tut ihm Unrecht, wenn man ihn auf derartige Kriterien reduziert. Er verfügte über eine reiche Phantasie und ein vorzügliches Erzähltalent. Überall, wo er auf eigene Erfahrungen zurückgreifen konnte, zeigt sich eine außerordentliche schriftstellerische Begabung.
Ganghofer war auch der uneigennützige, hilfreiche und neidlose Berater und Förderer junger Schriftsteller, der geistreiche und liebenswürdige Gastgeber, den Thomas Mann eine Persönlichkeit nannte, deren „stärkende Güte" er seiner Lebtage nicht vergessen werde. Im Mai 1920 erwarb er ein Haus am Tegernsee. Zwei Monate später, am 24. Juli, ist er dort verstorben. In Kaufbeuren erinnern an ihn die aktive Ludwig-Ganghofer-Gesellschaft sowie zwei Ausstellungsräume im Heimatmuseum.

Rudolf Riedler

Für alle, die ihn gekannt haben, war er vor allem ein außergewöhnlicher und liebenswerter Mensch, dann erst der kenntnisreiche, vielseitige Autor und Journalist. 1927 wurde er in Kaufbeuren geboren, besuchte das Gymnasium und ging 1943 an das Augsburger Konservatorium, das er 17jährig mit der Prüfung der Konzertreife als Pianist mit Auszeichnung abschloß. Nach dem Krieg machte er 1947 in Kaufbeuren das Abitur nach und studierte zunächst in Bamberg, dann in München. Er promovierte über den „Journalismus im Rundfunk", arbeitete 1952–1960 bei der „Augsburger Allgemeinen Zeitung", dann bei der „Revue" und ab 1964 beim Bayerischen Rundfunk in der Abteilung Schulfunk. 1982 wurde er Leiter der

Hauptabteilung Kultur. Selbst ein hervorragender Lyriker und Prosaautor, ein begeisterter Musiker und Kunstkenner, war er der große Vermittler und Förderer von Kultur jeder Art.
Neben seiner Arbeit für den Funk veröffentlichte er Gedichtbände, Reiseberichte, Erzählungen und Kurzgeschichten sowie Anthologien. Seine Verbindung zur Heimat und Geburtsstadt zeigen sein Pseudonym „Rudolf Buron“ oder sein Gedicht „Garten am Stadtrand“. 1987 ist er gestorben.

Garten am Stadtrand
Spätsommermorgen
aus blauem Glas
Die plötzliche Sorge
es könnte zerspringen
beim Klang der Sonntagsglocken
von St. Martin

Spalierbohnen
die sich nach Westen krümmen
Weidenblätter
fangen sich zu kräuseln an

Die Dahlien im Beet
heben ihre breiten Gesichter
gegen das Fenster
aus dem die Wassermusik
von Händel rauscht

Natürlich gibt es zahlreiche lebende Schriftsteller und Künstler, die in Kaufbeuren geboren sind oder hier die ihnen gemäße Umgebung gefunden haben. Viele erreichten eine Bedeutung, die weit über die Stadt hinausreicht, andere sind außerordentlich wichtig für das kulturelle Leben in Kaufbeuren.
Aber eine Darstellung, die nur Beispiele nennen und Vollständigkeit überhaupt nicht anstreben kann, muß sich einer Wertung oder gar Aufzählung der noch lebenden Autoren und Künstler enthalten.

Musik

Dr. Philipp Jakob Baudrexel

Am 2. Mai 1627 wurde Jakob Baudrexel als Sohn eines Lehrers an der klösterlichen Lateinschule in Füssen geboren. Er studierte Theologie und kam 1644 zum Studium an das Collegium Germanicum in Rom, das er 1651 mit dem Doktor der Theologie abschloß. Nebenbei studierte er bei dem Oratorienkomponist Giacomo Carissimi Musik.
1654 bewarb sich Baudrexel um die Pfarrstelle in Kaufbeuren und bereits im folgenden Jahr wurde er, 28jährig, zum Dekan gewählt. Bis 1672 wirkte er an St. Martin, und in dieser Zeit entstanden eine Fülle von Vokalwerken: Messen, Hymnen und Motetten, insgesamt 81 Werke, die 1664 und 1668 in Sammelwerken erschienen. Außerdem schrieb Baudrexel die Musik zu einer Reihe von Theateraufführungen im Jesuitengymnasium. Von 1672–1678 war er als Hofkaplan und Hofkapellmeister in Fulda, von 1678 bis zu seinem Tod, 1691, als Hof- und Domkapellmeister in Mainz tätig.
(Persönlichkeit und Werk von **P. Meinrad Spieß** wurden im Zusammenhang mit Irsee dargestellt.)

Auch nach der Eingemeindung hat sich der Charakter Oberbeurens mit seiner Kirche St. Dionys erhalten

Einst wie heute Mittelpunkt des Dorfes: St. Thomas in Hirschzell

Ludwig Hahn

„Ich sehe mich nach einer Stelle um, an der ich ein ganzer Chorregent sein kann, an der ich nach Möglichkeit auch das Musikleben der Stadt in meinen Beruf als Chorleiter einbeziehen kann“, schrieb der 24jährige Oberpfälzer Ludwig Hahn, als er sich 1929 um die Chorregentenstelle in Kaufbeuren bewarb. Was hier noch als Programm formuliert ist, wurde in den folgenden 44 Jahren in die Wirklichkeit umgesetzt.
Hahn war ein vorzüglich ausgebildeter Musiker (er hatte in Würzburg studiert), spielte Orgel, Klavier, Geige, Fagott, Kontrabaß, Posaune und Horn, besaß das absolute Gehör, vor allem aber war er ein ausgezeichneter Komponist und ein begnadeter Chorleiter. Er komponierte geistliche und weltliche Chorwerke, mehrere Messen, geistliche Kantaten, Kanons und Instrumentalmusik für verschiedene Besetzungen, dazu eine Fülle von Liedern.
Er prägte für Jahrzehnte das Musikleben in Kaufbeuren. Aus der Pfarrsingschule erwuchs die städtische Singschule, für die er im Laufe der Jahre ein systematisches Lehrwerk schuf. In seinem Nachlaß findet sich eine schier unerschöpfliche Fülle von Liedern, alle von hoher Qualität.
Aus dieser Singschule kamen die Sänger für die Choralschola in St. Martin und ein gemischter Chor, die „Martinsfinken“, mit dem er höchst anspruchsvolle Chorliteratur aufführte. In jahrelanger intensiver Arbeit formte er den Chor zu einem sensiblen Chorinstrument, das Kaufbeuren auf musikalischem Gebiet bekannt machte und zahlreiche internationale Preise gewann.
Daneben, aber nicht nebenbei, baute er ab 1947 die Tänzelfestknabenkapelle auf, schrieb alljährlich eine Tänzelfestfanfare, komponierte Musik für die Tanzgruppen. Schließlich leitete er auch den Sängerbund Kaufbeuren.
Es gab ehrenvolle Berufungen nach München, Augsburg, Eichstätt und Rottenburg, die er jedoch ausschlug, weil er in seiner Kaufbeurer Tätigkeit sein Lebenswerk sah, mit engen persönlichen Bindungen. Für seine Schüler war er nicht nur ein hervorragender Lehrer (viele wurden Berufsmusiker), sondern auch ein väterlicher Freund, der uneigennützig förderte, wo es ihm möglich war.
Er erhielt zahlreiche Ehrungen, darunter auch das Bundesverdienstkreuz und den päpstlichen Sylvesterorden. 1973 ist er gestorben. Die Stadt Kaufbeuren zeichnete ihn aus durch die Benennung einer Straße nach ihm und durch einen Kulturpreis für Musik, der seinen Namen trägt.

Die Kaufbeurer Museen

Stadt- und Heimatmuseum

Wenn es in Kaufbeuren eine Schatzkammer gibt, dann findet sich diese im Stadt- und Heimatmuseum. Seine Gründung reicht ins Jahr 1879 zurück, als der Kunsthändler und Magistratsrat Willibald Filser eine erste Sammlung ausstellte. Die Bestände wuchsen durch Zukäufe und vor allem durch Schenkungen rasch an, zumal unter der Betreuung von Kurat Christian Frank, der 1901 zum ersten Kustos bestellt wurde. Ihm war 1899 auch die „Ausstellung für Volkskunst im Allgäu“ mit zu verdanken, die einen unerwarteten Erfolg erzielte und in weiten Kreisen Verständnis für Qualität und Besonderheit der Heimatkunst weckte.
1934 wurden die Ausstellungsstücke, bis dahin noch auf verschiedene Gebäude verteilt, in einem ehemaligen Pfarrhof aus dem Jahre 1746 im Kaisergäßchen zusammengefaßt. Auf etwa 600 m² Ausstellungsflä-

che ist ein überwältigender Reichtum ausgebreitet, der auch für geborene Kaufbeurer immer wieder neue Entdeckungen ermöglicht. Einige Hinweise wollen die Fülle wenigstens andeuten.

Da gibt es eine Sammlung von rund 250 Kruzifixen, einzigartig in der Spannweite der Darstellungen aus dem 12. bis zum 20. Jahrhundert, zu der Richard Wiebel, 32 Jahre Pfarrer in Irsee, den Grundstock gelegt hat.

Weiterhin finden sich kostbare Stücke aus Kaufbeurens großer Kunstepoche, zwischen ausgehender Gotik und Renaissance, mit Werken von **Jörg Lederer** oder **Hans Kels,** von dem eine schöne Pieta aufgestellt ist. Maria hält den toten Sohn auf dem Schoß, beide in eher herkömmlicher Manier dargestellt; daneben steht Magdalena, fast distanziert, als vornehme Patriziersfrau in reichsstädtischer Tracht. Vielleicht handelt es sich bei ihr um ein Porträt der Spenderin.

Hans Kels wurde um 1480/85 in Kaufbeuren geboren. 1507 fertigte er „ettliche bild“ Kaiser Maximilians, und zusammen mit seinen Söhnen Hans und Vitus schuf er 1539 das berühmte Spielbrett König Ferdinands, heute eines der Schmuckstücke im Wiener Kunsthistorischen Museum. Gestorben ist er im Kaisergäßchen Haus-Nr. 6.

Die große Zeit der Handwerkszünfte wird an einer Fülle von Ausstellungsstücken deutlich, darunter an besonders wertvollen Beispielen wie die Weberzunfttafel aus dem 16. Jahrhundert, die Zunftlade der „Bürgerlichen Comödianten und Agentengesellschaft“ von 1691 oder der unvergleichliche Apothekerschrank von 1719, dessen obere Türen Darstellungen der Reichsstädte Ulm und Kaufbeuren zeigen. In mehreren Räumen sind Zeugnisse der bürgerlichen und ländlichen Wohnkultur Kaufbeurens und der unmittelbaren Umgebung dokumentiert. Die Zeit der seligen Crescentia Höß wird durch zahlreiche Erinnerungsstücke, Glasbilder, Stiche und Devotionalien lebendig. Prachtvolle (Jahres-)Krippen mit einer schier unglaublichen Fülle an Details sind hervorragend präsentiert.

Eine Besonderheit des Kaufbeurer Museums sind die protestantischen Hinterglasmalereien und Spruchbilder, die meist zu bestimmten Festen angefertigt wurden, etwa zu Taufen, Konfirmation, Hochzeiten oder zum Totengedenken. Die Darstellungen wurden jeweils durch einen Text ergänzt. Kaufbeuren war ein Zentrum dieser protestantischen Hinterglasmalerei, und mit Johann Jakob Rumpelt und Johann Matthäus Bauhoff sind uns zwei Maler sogar namentlich überliefert. Absicht der Bilder war nicht die Beförderung der geistlichen Andacht wie bei den farben- und sinnenfrohen katholischen Hinterglasbildern, vielmehr handelte es sich um religionspädagogische Erinnerungsbilder und um Lehr- und Konfessionsdarstellungen.

Zu den Schätzen der graphischen Sammlung des Museums gehören die graphischen Arbeiten von **Daniel Hopfer** (um 1470–1536), der in Kaufbeuren als Sohn des Malers Bartholomäus Hopfer geboren wurde. 1493 erwarb er das Bürgerrecht in Augsburg. Vermutlich war er der erste, der die Erfahrungen, die er bei der Waffenätzung gemacht hatte, auch für die Reproduktion der graphischen Kunst anwandte. Burkmair und vor allem Albrecht Dürer wurden durch seine Drucke zu eigenen Arbeiten in dieser Technik angeregt. Hopfer war kein großer schöpferischer Meister; seine Stärke lag im Nachschaffen von Vorbildern und in der ornamental-kunstgewerblichen Produktion.

Ein Künstler ist hier zu nennen, auch wenn er mit keinem Werk im Museum vertreten ist: **Loy** (Abkürzung von Eligius) **Hering.** Geburts- und Todesjahr lassen sich nicht genau bestimmen, doch läßt sich annehmen, daß er 1484/85 als Sohn des Goldschmieds Michael Hering in Kaufbeuren geboren wurde und vermutlich 1554 in Eichstätt gestorben ist. In Augsburg hat er gelernt, und 1513 ging er nach Eichstätt, wo er im folgenden Jahr eines seiner Hauptwerke, das Denkmal für den hl. Willibald vollendete. Er blieb in der Bischofsstadt, wurde Ratsherr und wiederholt auch einer der vier Bürgermeister. Er erhielt zahlreiche Aufträge und gehört zu den fruchtbarsten Bildhauern der deutschen Frührenaissance.

Das Kaufbeurer Museum bewahrt auch Zeichnungen des Malers **Wilhelm Schütze,** der 1840 in Kaufbeu-

Die Beweinungsgruppe von Hans Kels d. Ä. ist eine der vielen Kostbarkeiten im Kaufbeurer Stadtmuseum

Die großen Ereignisse des deutschen Protestantismus – hier der Reichstag von Augsburg 1530 – waren beliebte Motive der evangelischen Hinterglasmalerei in Kaufbeuren

ren geboren wurde. Nach Abschluß der Studien blieb er in München, wo er 1898 starb. Seine Stärke lag in der damals hochgeschätzten Genremalerei mit Themen wie „Kinder mit Kätzchen", „Zoologisches im Kindergarten", „Katze auf der Mauer" oder „Vor dem Schulgang", ein Bild, das im Kaufbeurer Rathaus hängt. Stets handelt es sich um liebenswürdige, spätbiedermeierliche Themen in technisch gekonnter Ausführung.

Puppenmuseum

Im Anwesen der Spedition von Moritz Spielberger in der Ludwigstraße wurde 1987 in Zusammenarbeit mit dem Bayerischen Nationalmuseum und der Firma Dobler ein Puppentheater-Museum eröffnet. Den größten Teil der Bestände sammelte der Gründer des Kaufbeurer Puppelspieltheaters, Alois A. K. Raab, im Laufe von 60 Jahren: Drehorgeln, Musikapparate, historische Plakate, Papiertheater, Marionetten, Stab- und Schattenfiguren aus Europa und Asien. 1989 konnte dazu der Nachlaß des Puppenspielhistorikers Hans Parschke erworben werden.
Daneben ist in den Spielberger Hof ein Andachtsraum eingerichtet mit einer Steingußmadonna um 1410 aus der Salzburger Gegend; im Vorraum hängen Wandbilder von Christiane Brendel.

Neugablonzer Museen

Ein dritter Museumsbereich ist für Kaufbeuren wichtig: nämlich das 1974/75 erbaute Gablonzer Haus, in dem drei Museumsabteilungen untergebracht sind:
Das Neugablonzer Heimatmuseum informiert höchst anschaulich über Gründung und Aufbau des Stadtteils Neugablonz auf dem Trümmergelände einer Pulver- und Sprengstoffabrik im Jahr 1946. Es dokumentiert mit Hilfe einer Fülle von Alltagsgegenständen die Not des Flüchtlingsdaseins und die Mühsal des Wiederaufbaus mit primitiven Mitteln. Einfallsreichtum, außerordentliche Begabung und unermüdliche Energie mußten zusammenwirken, um anstelle der nur allzu gut verständlichen Mutlosigkeit neue Möglichkeiten für den eigenen Lebensbereich und die berufliche Existenz zu schaffen.
Was hier innerhalb weniger Jahrzehnte dank der Tüchtigkeit und eines unverdrossenen Fleißes geschaffen wurde, dokumentiert das Schmuckmuseum. Es vermittelt eine Vorstellung von der weitgefächerten Produktionsvielfalt der Gablonzer Industrie und macht verständlich, weshalb diese Erzeugnisse bald wieder zum international begehrten Markenartikel geworden sind.
Der Besuch dieser beiden Museen ist vor allem dann sinnvoll, wenn man vorher im Gablonzer Heimatmuseum gewesen ist. Hier wurden eine Vielzahl von Erinnerungsstücken zusammengetragen und mit so viel Liebe präsentiert, wie dies nur die enge Verbundenheit mit der ehemaligen Heimat ermöglichte. Zum Wohl des Museums haben sich viele Aussiedler von persönlichen Stücken getrennt: Fotos, amtliche Dokumente, stadtgeschichtliche Dokumente, Prospekte, Hausrat, Spielzeug und Muster der Produkte, die damals schon weltweit berühmt waren.
Der Besuch dieser drei Museumsteile ist bewegend und lohnend. Über den Industriebereich hinaus vermittelt er eine Ahnung von dem, was die Heimatvertriebenen erlitten und geleistet haben.

Karl Pörnbacher

Kaufbeuren „lebenslänglich“

Irrfahrten und Endstationen eines Menschen, der sich zumutet, die Seele einer Stadt zu suchen

Der Anfang war die Gastwirtschaft „Traube“ und eine herbe Enttäuschung.
Im Grunde begann alles vielversprechend. Meine Frau und ich hatten schon bei der ersten Erkundungsfahrt nach Kaufbeuren eine Wohnung gefunden. Der Ortsteil nannte sich „Neugablonz“, und jene Wohnung war nahezu ein Traum: großzügig und pedantisch gepflegt.
Nun saßen wir in der „Traube“, feierten unser müheloses Finderglück und studierten die Hausordnung, die uns der umgängliche Vermieter mit einem verdächtig kleinlauten Kommentar ausgehändigt hatte. Beim Lesen siechte unsere Hochstimmung dahin: Das tägliche Wischen des Treppenhauses war hinzunehmen, das zweitägige Wischen der Kellertreppe vielleicht ein schrulliges Vergnügen an der Sauberkeit, die Ermahnung zum Stromsparen vermutlich ein Ausdruck genügsamer Lebensführung, aber der Passus „Baden freitags nach Vereinbarung“ führte in den Zustand stummen Entsetzens. Ich ging zum Telefon und gab unseren Verzicht bekannt.
Nicht die Stadt empfängt den Besucher, sondern der Besucher, dem sie zum Schicksal werden wird, empfängt die Stadt. Hellwach und mit gesteigerter Wahrnehmung sucht er die ersten Anhaltspunkte angenehmer Gefühle, sucht er die Wegsamkeit unbestimmter Erwartungen, die ihn ständig begleiten, weil er die Anzeichen des Wohlwollens finden will, die seine Verlorenheit weniger spürbar macht. Dieses unergründete Etwas, das für ihn nur aus einem Namen und sonst nichts besteht, soll das Bedeutsame preisgeben. Und bedeutsam ist ihm alles: die Höflichkeit einer Auskunft, die Kleidung der Menschen, das Hupen eines Autos.
Einige Wahrnehmungen waren mir sofort sympathisch, zum Beispiel die überwiegend hübschen Gesichter der jungen Frauen und die angenehmen alter Damen. Von Frankfurt waren mir noch die weiblichen Kunstköpfe in Erinnerung, denen ein Hauch von Lila oder Rosa voranschwebte und die wie ein wandelnder Bonbon wirkten: kostspielige Einheitsgesichter irgendwelcher Frisiersalons. Hier gab sich die Weiblichkeit ungezwungen und natürlich. Ich sah nirgends den stieren Blick verbissenen Vorwärts-Hastens. Selbst auf den Bürgersteigen der breiten Straße, die von ruhigen, unaufdringlich farbigen Häuserzeilen begleitet wird und in der mich damals nur das unaufhörliche Gegurgel der Autos störte, war nichts von dem eiligen Fluten der Leiber zu spüren, die im Zentrum einer Großstadt zur einzigen Form der Bewegung wird. Immer wieder sah ich die Ruhepunkte der Begrüßung, des Wortwechsels, eine Fülle von Anzeichen gegenseitiger Aufmerksamkeit. Als mich eine Frau versonnen anlächelte gab ich der männlich-eitlen Regung nach und fühlte mich charmant willkommen geheißen.
Denn es ist leicht zu begreifen, daß uns die erwähnte Hausordnung wie eine spießige Himmelsleiter erschienen ist, bei der man nicht ausschließen kann, daß sie eines Tages zur letzten Steigerung eingeschränkten Wohlseins führt: „Baden jährlich nach Vereinbarung“. In der Ratlosigkeit des ersten Eindrucks machten wir unsere Witze. Wir stellten uns Kaufbeuren als Gemeinwesen vor, in der diese Hausordnung nur der fixierte Abglanz einer allgemeinen Lebensordnung ist, etwa: „Denken sonntags nach der Kirche“ oder „Lieben ab 22 Uhr; aber nur nach ausdrücklicher Vereinbarung der Beteiligten“. In solchen Augenblicken schrumpft die Unvoreingenommenheit zur Farce. Ein Ereignis geringer Bedeutung infiziert die naive Erwartung und bringt sie schließlich zum Stillstand: Man denkt sich unwillkürlich das Besondere als das Normale.

Kaufbeuren von Osten gesehen:
Eine Ansicht, die bis ins 19. Jahrhundert oft abgebildet wurde, aber dann in Vergessenheit geriet

Vielleicht hätte uns dieses Erlebnis ein lästiges Vorurteil gegen diese Stadt beschert, wenn es nicht die Wahrnehmungen in der Kaiser-Max-Straße und die „Traube“ gegeben hätte. Die ironischen Sticheleien halfen uns ja nicht weiter, weil sie die Zukunft mit Befürchtungen verstellten. Also beschränkten wir uns auf das Naheliegende. Im bürgerlichen Wohlbehagen dieser von uns als Oase empfundenen Gastlichkeit löste sich das Mißgeschick des Tages und wurde zu dem, was es ist: eine Stilblüte des Spießertums, die nichts bedeutet, sondern nur symbolhaft für sich selber steht.
So zwiespältig wir auch Kaufbeuren an diesem Tag empfangen haben – wir kehrten letztlich mit der Erleichterung zurück, daß hier wie anderswo die Neuentdeckung einer Stadt durch den oberflächlichen Eindruck nur verzögert, aber eben nicht verhindert wird.

Die Stadt

Als ich gefragt wurde, ob ich nicht Lust hätte, eine Art Essay über Kaufbeuren und meine Beziehung zu dieser Stadt zu schreiben, vergaß ich das zu antworten, was ich gerne geantwortet hätte: Warum gerade ich?
Ich sagte nichts, also gibt es darauf keine Antwort.
Aber der listige Versucher, der da gefragt hatte, wußte wohl, was er mir zumutet: In einem vielleicht zwanzig Seiten langen Atemzug das darzustellen, was mir neunzehn Jahre lang kein Anlaß gründlichen Nachdenkens war. Das Rätsel, warum ich mich in dieser Stadt so wohlfühle, schien allein durch meine persönlichen Lebensumstände gelöst, für die sie mir einen angenehmen Rahmen bietet.
Meine Zusage, öffentlich über Kaufbeuren und mich zu reden, zwingt mich nun, die unklare Liebesbeziehung zwischen einer hübschen, wenngleich etwas störrischen Kleinbürgerin und einem müden Intellektuellen zu beschreiben. Eine Liebesgeschichte übrigens, von der ich im Augenblick nicht weiß, ob sie im Jawort einer Ehe enden wird. Denn wie alle diese Liebesgeschichten zwischen Beteiligten ungleicher Herkunft ist sie von Mißverständnissen begleitet, die gelegentlich zur Entfremdung führen. Allerdings findet sie auch stets ihre einfachen Höhepunkte wieder.
Aber bevor ich mich in Sprachbildern verliere, sollte ich lieber einen Anfang suchen. Ich finde ihn in der unbedenklichen Wohlerzogenheit eines Schulaufsatzes, der so beginnen könnte:
Wie alle historisch gewachsenen Städte besteht Kaufbeuren aus einer Altstadt, deren abgeklärte bauliche Geschlossenheit nicht betrachtet, sondern nur besichtigt werden kann und ausgedehnten Vorstädten, die nicht besichtigt, sondern nur betrachtet werden können. Die planvolle Langeweile solcher Vorstädte kennt man auch anderswo.
In der niederen Bebauung überwiegt das Reihenhaus, das einige Stadtviertel wie ein Reihenendloshaus überzieht und den Spaziergänger mitunter rätseln läßt, ob er nicht immer dort ist, wo er vorher war.
Bei der mittleren Bebauung sind die Verhältnisse ähnlich, nur bei der höheren zeigt sich der Einfallsreichtum der Architekten in der unterschiedlichen Höhe und Breite des jeweiligen Quaders.
Ich weiß nicht, ob aus solchen Siedlungsformen jemals eine Stadt entstehen kann. Ich weiß nur, daß solche Siedlungsformen eine Stadt brauchen, damit sie erträglich und sinnvoll werden. „Ich gehe in die Stadt“, sagt der Bewohner dieser Siedlungsformen, so, als ob er vom Lande käme, aus irgendeinem Abseits oder aus einer Nichtigkeit.
In den weitaus meisten Fällen ist damit die Altstadt Kaufbeurens gemeint, die schon dadurch als Besonderheit kenntlich wird, weil man sie nur nach Überquerung breiter und verkehrsreicher Straßen erreichen kann, die dem Vorfeld der ehemaligen Stadtmauer folgen.
Es ist auffällig, daß diese „Altstädte“ gerade jetzt, am Ausgang eines gefühlsarm gelebten und von der

Technik beherrschten Jahrhunderts, soviel Wertschätzung erfahren. Ich frage mich nur immer wieder, ob es auch die Wertschätzung ist, die sie verdienen. Tatsächlich erfreut sich ja des Touristen entzücktes Auge an der pittoresken Kulisse und dringt nicht einmal vorahnend in die dahinter liegenden Probleme. Er weiß nichts vom inneren Bauzustand der Häuser, von dem Mangel an Annehmlichkeiten, von den Schwierigkeiten zum Beispiel, ein bequemes Badezimmer einzubauen, was für ihn zu den Selbstverständlichkeiten des Lebens gehört. Er weiß nichts von schiefen Wänden, geborstenen Böden, lästigen Stiegen, dunklen Zimmern und Elektroleitungen, die wie Würmer im Haus herumkriechen. Er soll's ja auch nicht wissen, weil es ihm die Freude trübte, aber er könnte einmal darüber nachdenken, wieviele Generationen sorgsamer Menschen nötig sind, um ein sechshundert Jahre altes Haus vor dem Verfall zu bewahren.
Letzten Endes ist die Erhaltung dieser Altstädte ein Gemeinschaftswerk der Betroffenen, die das Überkommene als etwas anvertrautes und nicht für die Stadtentwicklung lästiges begriffen haben. Sie überlieferten auch in Kaufbeuren das Sinnbild einer Stadt, das der Besucher so freudig-ergriffen wahrnimmt, weil ihm die Beziehungslosigkeit seines eigenen Wohnens schmerzlich oder neidvoll bewußt wird.
Nach meiner Überzeugung formt sich eine Ansammlung von Gebäuden erst dann zur Stadt, wenn in ihnen die Sinnbilder des menschlichen Daseins auf repräsentative Weise sichtbar werden: die Gotteshäuser als Symbole gläubiger Sinnsuche des Lebens, das Rathaus als Ausdruck des Ordnungswillens, die Bürgerhäuser als Inbegriff sozialer Vielfalt und die Marktplätze als Wahrzeichen der Betriebsamkeit. In der „Altstadt“ ist das alles überschaubar vereint, und weil es schutzwürdig war, blieb es in eindrucksvoller Geschlossenheit hinter den flüchtig vernarbten Spuren ehemaliger Mauern zurück: als Charakterbild einer Stadt, das vor Eingriffen geschützt werden muß, weil es die Würde eines sozialen Kunstwerks hat.
Es sind vor allem die Eingriffe der „Moderne“, die zu gewissen Zeiten unsere Altstädte auf geradezu lächerliche Weise verfremdet haben. Eine Architektur, der die Sachlichkeit zum Wesentlichen geworden ist, mußte ja eines Tages verlernen, für das Wohlgefühl der Menschen zu bauen.
Schon bei meinem ersten Rundgang durch Kaufbeuren sind mir einige dieser Eingriffe schmerzlich bewußt geworden. Ich denke an die beiden schrecklichen Geschäftskästen am Eingang der Schmiedgasse, die einem ehemaligen Zollhäuschen die letzte Würde seiner unaufdringlichen Biederkeit rauben. Mir kommt es immer so vor, als schämte es sich, noch an seinem Platz zu sein oder als schielte es zum Haus Alleeweg 1 hinauf, in der Angst, daß dieser Kasten eines Tages einen Schritt zur Seite treten könnte, um es zu zerquetschen.
Zum Glück gewinne ich den Eingriffen, die die Aufbruchsstimmung der Nachkriegszeit veranlaßt hat, eine humorvolle Seite ab, weil sie irgendwann mit Sicherheit verschwinden werden. Ich kann mich nur an einiges schlecht gewöhnen, zum Beispiel an eine Fassadenornamentik, die den Eindruck erweckt, als sei sie den Übergardinen dieser Zeit nachempfunden.
Das ist alles, was mir an kritischen Anmerkungen zum Kaufbeurer Altstadtbild einfällt. Wenig genug, wenn ich bedenke, was ich in anderen Städten als Folge ihrer Ruinierung durch die Terrorangriffe gesehen habe, und die der Wiederaufbau zusätzlich gestraft hat; auch wenig genug, wenn ich bedenke, daß für manchen Kaufbeurer der Prozeß des Umgewöhnens zu einer leidvollen Erfahrung wird, weil er in jeder Veränderung nur den Verlust des Vertrauten sieht und den Zugewinn vor lauter Verzweiflung nicht zur Kenntnis nimmt. Dabei sind die Veränderungen das auffälligste Lebenszeichen einer Stadt, und wenn ich vorhin die modernistischen Eingriffe gerügt habe, dann nicht, weil sie geschehen, sondern wie sie mißlungen sind. Zu welchen Peinlichkeiten die modernistische Willfährigkeit führen kann, hat die Kaufbeurer Stadtverwaltung ohnehin schmerzlich zu spüren bekommen. 1971 wurde dem Rathaus ein Erweiterungsbau zugefügt, der die neuzeitlichen Erfordernisse aufs Beste vereinte: Er war groß, kahl und langweilig.
Eine Festschrift anläßlich der Einweihung feierte diesen Mißgriff mit kühlem Selbstbewußtsein: „Daß Verwaltungen der freien Wirtschaft in Funktionsräumen untergebracht sind und hier optimale Arbeits-

Kaufbeuren erwacht zu einem neuen Tag: In der Münzhalde

Blick von Süden auf die Stadt

bedingungen geschaffen wurden, ist bekannt". Bekannt waren damals auch die angenehmen öffentlichen Folgen dieser Architektur: „Gegenseitige Achtung und größere Offenheit werden durch diesen Verwaltungsstil das Verständnis zwischen Behörde und Bevölkerung fördern".

Die Einsicht, daß es keineswegs so ist, hat zwanzig Jahre später, als ein Umbau den Anbau erträglich machen mußte, eine Menge Geld gekostet und das Verständnis zwischen Behörde und Bevölkerung nachhaltig geschädigt.

Gerechterweise sei erwähnt, daß mit diesem Anbau, der sich heute auch ansehnlich präsentiert, ein Meisterstück diskreter Planung gelungen ist. Trotz seiner zentralen Lage tritt er dort, wo er stören könnte, nicht in Erscheinung. Seine innere Erneuerung ist ein Achtungserfolg moderner Architektur. Ich habe es nicht für möglich gehalten, daß man amtliche Wartesäle in ein gemütliches Raumwunder verwandeln kann, dessen zeitlose Gediegenheit auch künftigen Generationen Anlaß zur Freude gibt. Leider wird es lange dauern, bis die Kaufbeurer darauf stolz sind, weil sie begreiflicherweise unentwegt an das Lehrgeld denken, das sie dafür bezahlen mußten. Aber sie haben trotzdem eines der angenehmsten Rathäuser der neueren Baugeschichte.

Wie andere Zeitgenossen auch verfolge ich jede Bautätigkeit mit großer Anteilnahme, weil sie ein Stück meines Lebensrahmens verändert, der mir täglich überschaubar vor Augen liegt. Ich habe schließlich das Bedürfnis, mich in dieser Stadt wohlzufühlen. Ich sehe mit besonderem Vergnügen, wie sich meine Stadt (ganz unbewußt entschlüpft es mir: meine Stadt) seit einiger Zeit nicht nur in ihren Neubaugebieten, sondern in sich selbst wandelt und sich damit in sich selbst festigt.

Wer die Bauformen einer Altstadt zu deuten versteht, dem offenbaren sich auch Einblicke in die städtische Sozialgeschichte. Man muß nicht besonders kenntnisreich sein, um die Spuren ständischer Gliederung zu sehen, die zwischen Patrizierhochmut, Handwerksbiederkeit und Arme-Leute-Elend das starre historische Sozialgefüge kenntlich macht.

Die gepflegten Patrizierhäuser des staufischen Marktes beherrschen die Stadt wie die Applikationen eines Festsaales. Ihre Satteldächer reichen oft über drei Stockwerke und sind Meisterstücke der Zimmerei. Als selbstbewußtes Zeugnis des Wohlstandes repräsentieren sie Macht und Einfluß aus der Quelle des Besitzes. Es ist möglich, daß sich der einstige Hochmut der Eigentümer als verstümmelte Dünkelhaftigkeit erhalten hat, aber ich stehe den alten Bürgergeschlechtern zu fern, um mir ein Urteil zu erlauben. Die ehemals stolze Patrizierkaste ist in den Wechselfällen der Geschichte entschlafen und mit ihr auch einige Phänomene der Kaufbeurer Vergangenheit. Ich habe zwar keinen Anlaß, Anmerkungen zur Kaufbeurer Stadtgeschichte zu verbreiten, aber trotz meiner Schwäche in Heimatkunde begleitet mich bei diesem Thema einige Nachdenklichkeit. Meine Vorstellung eines Gemeinwesens hat sehr gelitten, als mir bewußt wurde, wie musterhaft die konfessionelle Beschränktheit in dieser Stadt gepflegt wurde. Noch im Jahre 1803 kam zweitausend evangelischen und achtzehnhundert katholischen Einwohnern offenbar nichts anderes in den Sinn, als sich vorsätzlich das Erdendasein zu vergrämen. Gottesfürchtig, aber äußerst wählerisch in christlicher Nächstenliebe hinderten sie sich gegenseitig an ihrer Entfaltung. Ich bin freimütig genug, zu bekennen, daß ich mich nicht um sanfte Wortwahl bemühe.

Die traute Nachbarschaft der katholischen und evangelischen Stadtkirche läßt zwar nicht auf den konfessionellen Seelenfrieden schließen, setzt aber Zeichen abwartender Gelassenheit. Die Kantoren beider Kirchen haben diese Zeichen auf ihre Art gedeutet und mit gemeinsamen musikalischen Unternehmungen die antiquierte Trostlosigkeit der Glaubensspaltung beseitigt. Wenn sich die Kirchenchöre im „Halleluja" eines Oratoriums wiederfinden, dann wird wohl keiner der Sänger an den Unterschied der Sakramente denken.

Schließlich verbindet sie neben der Musik auch die Sorge um die Zukunft ihrer Altstadt, in der die Spuren schleichender Auszehrung sichtbar werden. Ihre Ursachen liegen in den Mißständen einer modernen

Gesellschaft, die sich neben anderem Luxus auch den erlaubt, ihre Widersprüche zu pflegen. Seit 1973 werden die Kommunen mit der Erblast ihrer Altstädte nicht mehr allein gelassen. Die Einsicht, daß sie allgemeines Kulturgut sind, führte zur öffentlichen Unterstützung dringender Sanierungsmaßnahmen unter der Fürsorge des Denkmalsschutzes. Mittlerweile werden unsere Altstädte aufmerksam und aufwendig gepflegt, aber nun beginnt ihr geradezu tragischer Kampf gegen die menschliche Bequemlichkeit. Es ist durchaus unklar, wer sich wem zuordnet: das Auto dem Menschen oder der Mensch dem Auto. Diese Gerätschaft bestimmt mittlerweile die menschlichen Lebensvorstellungen und verschlingt schonungslos alle Vernunft in der Ordnung seiner Lebensräume. Der Höhepunkt moderner Zweckmäßigkeit ist die gesellige Verbindung von Auto und Supermarkt, auf den unsere Altstädte so wenig vorbereitet waren, daß sie ihm nun hartnäckig den Weg verstellen. Sie erleben nun ihre Heimsuchung durch die technische Pestilenz, nachdem sie alle anderen Heimsuchungen erfolgreich überstanden haben. Sie werden auch diese überstehen, weil kein menschlicher Irrsinn über geschichtliche Zeiträume denkbar ist. Aber man sollte den Verzweiflungskampf gegen das Auto in seiner ganzen Mühsal begreifen und den kommunalen Körperschaften, die ihn schließlich führen müssen, die Anerkennung nicht verweigern. Das geschieht oft genug. Selbst mustergültige Lösungen der Kaufbeurer Stadtplanung werden zunächst nur in der geistlosen Nörgelei verlorener Bequemlichkeit bewertet. Die beiden Parkhäuser, bestens eingerichtete Aufbahrungshallen für wertvolles Blech, gerieten beizeiten in den Verdacht, einen zehnminütigen Fußmarsch anzudrohen. Also wird weiterhin in die Stadt gefahren und nach der dritten Kreisfahrt heftig bedauert, daß einem so gar nichts erspart bleibt, wenn man den Wunsch hat, eine Kleinigkeit zu kaufen. In diesem Augenblick erscheint der Stern des Supermarktes am Himmel der Bequemlichkeit. Man steuert seinen Parkplatz an und fühlt sich in dieser Scheußlichkeit sofort erleichtert und geborgen; und kauft eben mehr als nur die Kleinigkeit.

Stadtrat und Verwaltung Kaufbeurens werden wohl den Kampf gegen die Autoplage gewinnen, aber seine Spuren dürften lange sichtbar bleiben. Die Anzeichen der Auszehrung mehren sich. Mir drängt sich der Eindruck auf, daß alles, was über zwei Kilogramm wiegt, in den Fußgängerparadiesen dieser Stadt nicht mehr zu verkaufen ist.

Liebevoll denke ich an die Eisenwarenhandlung in der Kaiser-Max-Straße, die wie eine Oase des Lebendigen zwischen den gepflegten Fassadenleichen zu ihrer Seite steht. Trotzig behauptet sie das Selbstverständnis ihres Geschäftslebens und gibt zu verstehen, was sich von alters her gehört: da ist ein Teil des Warenangebotes auf der Straße aufgestellt, weil Geschäft und Stadt nur räumlich getrennt, aber ideell verbunden sind; da ist das Schaufenster noch ein Schaufenster und kein „Showfenster“; da bedient der Eigentümer mit unaufdringlicher Sachkenntnis, wählt bedächtig den richtigen aus Dutzenden von Holzeinschüben, in denen wiederum etliche Kästchen mit wohlgeordneten Kleinteilen zum Vorschein kommen. Wenn einem danach zumute ist, dann kann man einen einzelnen Nagel kaufen. Die Fülle der Waren befindet sich dort, wo sie sichtbar wird, nicht dort, wo sie Wirkungen erzielt. Es ist alles da, was in ein solches Geschäft gehört. Es fehlt nur die mindere Qualität.

Aber über diesem Geschäft liegt die Melancholie des Vergehens. Es wird den ungleichen Kampf gegen den Sortimentsrummel der Supermärkte und die Attraktivität ihrer Parkplätze verlieren. Sollte dieser Laden eines Tages aus der Stadt verschwunden sein, dann könnte man auch diesen Formen der Vergänglichkeit eine Gedenktafel setzen. Sie erinnert nicht an Werden und Vergehen, sondern an die Unerbittlichkeit modernen Lebens.

Immer wieder suche ich auf meinem Weg in die Innenstadt den durch die Ledergasse. Er führt zu meinem Lieblingsplatz, dem Hafenmarkt, ein kleiner Platz, der nur durch parkende Autos und eine schreckliche Laterne entstellt wird. Über ihm öffnet sich ein steinerner Horizont: gezackte Häuserfirste und das träge Schiff der Martinskirche, aus dem sich der Turm wie ein Schwert in den Himmel bohrt.

Die neue Kläranlage der Stadt hat Modellcharakter für ganz Bayern

Kaufbeurens Umgebung erkundet man am besten mit seinem Fahrrad

Ganz unten an diesem Horizont, beinahe verloren im Riesenwerk gemauerter Skulptur, duckt sich ein kleines Farbengeschäft, dessen Tür während der wärmeren Jahreszeit stets offensteht und auf mich wie ein zierlicher, saugender Schlund wirkt, der in den Platz hineinatmet. Wenn es dieses Farbengeschäft eines Tages nicht mehr gäbe, dann wäre mir einer der beseelten Lebensräume dieser Stadt gestorben.
Denn wegen ihrer beseelten Lebensräume liebe ich sie. Die Stadt.

Die Menschen

Wir wohnten drei oder vier Tage in dieser Stadt, als wir uns entschlossen, die Umgebung Ski fahrend zu erkunden. Von einem listigen Verkäufer – nein, kein Kaufbeurer, ein Rosenheimer Schlitzohr – waren uns schwere österreichische Armeeski aufgeschwatzt worden, die sich heute in einem Kemptener Museum befinden.
Das Ziel war ein Kartenfleck, der sich „Elbsee“ nannte. Mühselig stapften wir querfeldein, hatten bald die Orientierung verloren, stießen jedoch am Berg Mang (damals: irgendwo) auf eine wunderschön gespurte Piste. Erleichtert nutzten wir die verlockende, aber merkwürdig enge Spur, bei deren Benutzung ich das unbehagliche Gefühl nicht los wurde, daß hier irgend etwas nicht stimmte. Unsere breiten Laufgeräte quetschten die Spur ins Bedeutungslose; hinter uns blieb nur gekerbter Schnee und sonst nichts zurück.
Da kamen drei Skiläufer des Weges. Kaum hatten sie unsere sonderbare Tätigkeit wahrgenommen, wurden wir auf übelste Weise beschimpft; uns flogen die Allgäuer Kraftausdrücke wie Backpflaumen um die Ohren. Energisch wurden wir ins Abseits geschickt und unter Androhung von Schlägen ermahnt, uns nicht wieder blicken zu lassen.
„Diese Rüpel“, dachte ich damals, aber ich hatte auch, als ich die nur halb so breiten Ski der anderen sah, das bedrückende Gefühl, etwas falsch zu machen.
Begreiflicherweise habe ich diese Geschichte meinen Kaufbeurer Freunden, mit denen ich später viele Skitouren unternahm, bislang verschwiegen. Vielleicht ist einer von denen darunter, die uns damals als Ski fahrendes Ungeziefer von der Loipe schickten.
Jawohl, ihr Kerle, ich gestatte euch heute das schallende Gelächter! Aber denkt auch an das „Retterle“ im Stadtteil Hirschzell, als in einer Winternacht zehn bierfröhliche Herren die haarsträubende Schußfahrt im Tiefschnee versuchten und einer nach dem anderen auf abenteuerliche Weise durch die Luft flog. Da war ich einer von zweien, die heil unten ankamen! Nicht etwa, weil ich besser Ski fahre, sondern weil ich im Chaos standhaft blieb.
Ich erzähle diese beiden Anekdoten nur deswegen, weil sie das Ereignis meiner Neugeburt umrahmen: die Verwandlung vom „Preußen“ zum „Kaufbeurer“.
Das bayerische Trauma ist allgemein bekannt: Es geht auf den preußisch-bayerischen Krieg von 1866 zurück, als die Bayern erst dann bemerkten, daß Geschichte Logik hat, als alles schon vorüber war. Aus der Schmach der Niederlage erwuchs im Laufe der Zeit die volkstümlich-bizarre Kultfigur des „Preußen“, der – gleichgültig welcher Konfession – irgendwo nördlich des Mains, Unwesen treibend, die bayerischen Idyllen stört.
Auch eine dieser Idyllen ist allgemein bekannt: Es ist die Geschichte vom „Märchenkönig“, der sich so lange auf einfallsreiche Art vom Regieren fernhielt, bis er im unzerstörbaren Zauber eines Mysteriums entschwand.
Verständlich, daß auf derart schonungslose Weise nur ein ehemaliger „Preuße“ spricht, der, und darauf sei entschieden hingewiesen, sich nicht zum „Bayern“, sondern zum „Kaufbeurer“ wandelte. Schließlich

wäre das schwäbische Selbstbewußtsein einer ehemals „Freien Reichsstadt“ schlecht beraten, wenn es die historischen Mühsale der Altbayern nur mitleidig und verständnisvoll nachempfände, anstatt den Verlust der eigenen Geschichte zu beklagen. Der Versucher dafür liegt ausflugsnah: Das Schloß „Neuschwanstein“ ist ein besonders kurioses Relikt dieser „Märchenzeit“. Aber nachdem man beim Augenschein nicht genau weiß, ob es den Japanern oder den Einheimischen gehört, kann man sich dieses Schloß auch als willkommene Geldquelle einer ganzen Region vorstellen, neben der die bayerische Geschichte ein touristisches Eigenleben führt.
Nein, meine Wandlung begann nicht mit der Verinnerlichung bayerisch-schwäbischer Heimatkunde. Ihre Wurzeln liegen im Umgang mit den Menschen dieser Stadt. Als ich eines Tages aufhörte, mich in ihnen zu spiegeln, wußte ich, daß ich einer von ihnen bin.
Letzten Endes hofft jeder, der die fremde Stadt betritt, nur auf eines: auf ein Glück mit Menschen. Ich wollte es nicht glauben, aber es gibt in Kaufbeuren tatsächlich Neuankömmlinge, die ihr Leben als Exoten beginnen und auch so beenden werden; darunter die, denen schon nach einer Woche nichts anderes einfällt, als sich über das Geläut der Kirchenglocken, über das Krähen eines Hahnes oder den Lärm eines Volksfestes zu beschweren. Sie verkennen ganz einfach, daß in einer Kleinstadt und besonders in ihren Randbezirken das Gewohnte auch das Selbstverständliche ist. Diesen Menschen zeigt die Kleinstadt auf feinsinnige und sehr entschiedene Weise die Grenzen abstrakter Begrifflichkeit; zum Beispiel den Irrtum, daß jede Verpflichtung des Einzelwesens, die über die Staatsverfassung hinausgeht, schon dann abgegolten sei, wenn man ein Volk eine „Gesellschaft“ nennt. Wer die Kleinstadt in der Vorstellungswelt persönlicher Maßlosigkeit betritt, darf sich nicht wundern, wenn er sich eines Tages im Ghetto der Besonderheiten wiederfindet. Das ruchlose Wettern gegen die „provinzielle Beschränktheit“ hilft ihm dann nichts mehr. Er sollte in die Großstadt flüchten und dort seine problemlose menschliche Isolierung genießen, die Freiheit bewirkt, weil sich keiner um ihn kümmert.
Bei mir war es umgekehrt: Ich fühlte mich frei werden, weil sich jemand um mich kümmerte. Wer abwartend und zurückhaltend die menschlichen Signale einer Kleinstadt verstehen lernt, findet irgendwann das, was er sucht: ein Glück mit Menschen. Mitunter beschleunigt das ein Zufall; aber auch solche Zufälle haben eine innere Logik, die durch die gegenseitige Aufmerksamkeit der Menschen entsteht. In dieser Hinsicht wurde mir schon nach kurzer Zeit ein Arzt zum Schicksal, der mir erhöhte Leberwerte attestierte und dem dieser Befund offenbar so sympathisch war, daß er mir einen der vielen Freundeskreise erschloß, die sich wie ein Nestgefüge in Kaufbeuren verflechten. In meinem „Nest“ von damals erfüllte sich meine Wandlung zum „Kaufbeurer“, die von den beiden Wintersportgeschichten umrahmt wird, die ich anfangs erzählte. In der „preußisch“-rüden Vernichtung einer Loipe offenbart sich die Unbedarftheit des Großstädters, der die einfachen Zusammenhänge nicht versteht; in der Schußfahrt am „Retterle“ der Achtungserfolg eines Geläuterten. Damals empfing ich auch meinen Ritterschlag, als mein Freund Gustl – „Du Siach!“ – zu mir sagte: Er führte mir das Hochgefühl bodenständiger Umarmung zu. Denn wenn man diesen Begriff übersetzt, dann bedeutet er in meinem Falle: Du Kerl bist zwar ein „Preuße“; aber, weiß der Himmel warum, mit Dir kann man etwas anfangen!
Übrigens sind in meinem Freund Gustl sämtliche angenehmen Eigenschaften des Kaufbeurers vereint. Er ist hilfsbereit, zupackend, freigebig, unpünktlich, zuverlässig, umgänglich, zurückhaltend, mitfühlend, bescheiden. Einzig lästig ist sein alamannischer Eigensinn, der ihn bei Bergtouren widerwärtige Wegführungen suchen und finden läßt. Aber auch diesen Wesenszug hat das Leben gemildert, seit er bei einem Ausflug in Indien wegen dieser Unart beinahe von einem Tiger gefressen worden wäre.
Selbstverständlich macht jeder Neuankömmling seine eigenen Erfahrungen mit dieser Stadt und ihren Menschen. Es wird jene geben, die sie etliche Jahre ratlos umkreisen, weil ihnen der Zugang zum Privatleben der Alt- und Ureinwohner verwehrt bleibt, oder sie werden von verkrusteten bürgerlichen Klausu-

Seit 1847 ist Kaufbeuren an das Eisenbahnnetz angeschlossen

Offene Stadtbäche haben ihren eigenen urbanen Reiz, der Kaufbeurer Mühlbach macht da keine Ausnahme

ren abgeschreckt, in denen immer die gleichen Menschen, mitunter auf die immer gleiche freudlose Art verkehren und sehr darauf achten, daß sich daran nichts ändert. Es wird jene geben, denen es nichts bedeutet, mit den Besonderheiten dieser Stadt vertraut zu werden. Dem einen bleibt die Suche nicht erspart, der andere wird sie nicht beginnen, aber beide entwickeln ihre Lebensform nur an den äußeren Bedingungen eines Gemeinwesens, das ebensogut Nördlingen oder Dinkelsbühl heißen könnte. Die Kaufbeurer stehen ihnen dabei nicht im Wege, falls sie es so einrichten, daß sie nicht auf anmaßende und herausfordernde Weise den Kaufbeurern im Wege stehen. Schließlich verfügen die Bürger einer ehemals „Freien Reichsstadt" über eine hochentwickelte Toleranz, weil ihnen die religiöse Intoleranz ihrer Geschichte oft genug vor Augen geführt hat, welche häßlichen Folgen damit verbunden sind. Eine Schlußfolgerung, die ich mit einem gewissen geistigen Händeringen begleite, weil ich ihr wünsche, daß sie richtig ist.

Im übrigen unterscheiden sich die Kaufbeurer nicht sonderlich von den Bewohnern anderer deutscher Kleinstädte. Ihre schwäbische Stammeszugehörigkeit verleugnet sich nicht, und die kurzsilbige Mundart, die sich immer so anhört, als ob Vokale auf muntere Weise durch ein Sieb tropfen, wird auch hier gepflegt. Sie hat ein angenehmes Klangbild. Zwar weiß ich nicht, ob man in dieser Mundart auf zärtliche Weise miteinander umgehen kann, aber es dürfte den Kaufbeurern besser gehen als ihren alamannischen Verwandten in der Schweiz, die das Bekenntnis: „Ich liebe Dich!" nur auf Hochdeutsch mitteilen können, weil es im Schwyzerdytschen nicht vorkommt. Einen gewissen Charme hat das Kaufbeurer Schwäbisch allemal. Wenn die Frau eines guten Freundes zu mir sagt: „Magst an Ku(e)che?", dann ist das eine Einladung für etwas Köstliches, und sie klingt ganz einfach himmlisch.

Leider fehlen mir einige Fundamente schwäbischer Eigenart und Weltanschauung, in die man hineingeboren sein muß, um mit gewissen Dingen zurechtzukommen. Ich denke bei diesen Fundamenten vor allem an eine nüchterne Art der Lebensführung, die sich, ganz unaufdringlich, in den Wertmaßstäben der Zweckmäßigkeit bewegt. Der Allgäuer ist ein praktischer Mensch, der die Fähigkeit besitzt, jedes Fleckchen Erde in ein Paradies zu verwandeln, falls es ihm in Form eines Hauses gehört. Die fleißige Erhaltung und Vermehrung seines Besitzstandes gibt ihm genügend Anlässe, sich ein erfülltes Leben vorzustellen. Dabei bleibt er bescheiden und verzichtet auf jede Darbietung seines Wohlstandes, der für ihn nur ein persönliches Glück und kein protziges Vergnügen ist. Ich habe niemals von einer Rangordnung gehört, die den Wohlstand einzelner Kaufbeurer miteinander vergleichen würde. Diese zurückhaltende Wahrung des Besitzes behindert die Entfaltung von Neid und Mißgunst, läßt also störende Formen des menschlichen Miteinanders nicht oder nur dort entstehen, wo sie als privates Mißvergnügen unter Verschluß bleiben.

Diese Grundsätze praktischen Erdendaseins gelten auch für die Kaufbeurer Weiblichkeit, wobei sie bei ihr hin und wieder durch das Lebensglück der Sparsamkeit bereichert werden.

Ich weiß sehr wohl, daß ich mich nun in äußerste Gefahr begebe. Wer den Zorn der Kaufbeurer Frauen erregt, für den kann das Leben zu einem gesellschaftlichen Mißerfolg verarmen. Aber niemand wird es mir übelnehmen, wenn ich einen ganz persönlichen Unmut eingestehe. Nur in Kaufbeuren habe ich die für einen einfühlsamen Mann so enttäuschende Erfahrung gemacht, daß Frauen auf ein liebenswürdiges Kompliment mit mürrischer Verstocktheit reagieren. Statt eines dankbaren Lächelns ernte ich in den meisten Fällen einen abweisenden Gesichtsausdruck. Mich überkommt dabei stets das unbehagliche Gefühl, einen obszönen Witz erzählt zu haben. Für dieses befremdliche Verhalten gibt es nur zwei Erklärungen: Entweder sind den Kaufbeurer Frauen Komplimente so ungewohnt, daß sie vor ihnen wie vor einer Anzüglichkeit zurückscheuen oder sie fühlen sich so wenig selbstbewußt, daß sie schon erschrekken, wenn man sie als Frau wahrnimmt.

„Aha", wird nun der einheimische Leser denken, „seht doch diesen scheinheiligen Neukaufbeurer! Kaum ist von Frauen die Rede, da beschwert er sich. Nein, er ist keiner von uns! Er sagt den Kaufbeurer Frauen kein lobendes Wort!" Von wegen! Es hört nur keine hin!

Abgesehen von diesen Kleinigkeiten unterscheiden sich die Kaufbeurer nicht sonderlich von den Bewohnern anderer deutscher Kleinstädte. Sie werden geprägt durch das Gleichmaß des Alltags und der ständigen Nähe zu allen Ereignissen, an denen sie allein durch ihre Gegenwart beteiligt sind. Das Wesenstypische verfestigt sich oft zum Wesensschrulligen, und gewissen Charakteranlagen gelingt die Reinkultur ihrer Entfaltung. Anders als in der Großstadt, die dem Einzelwesen die ungestörte öffentliche Darstellung versagt, weil es in der Menge kaum sichtbar ist, wird hier das Typische zum Wesentlichen. Nicht als kleinbürgerliche Besonderheit, denn die entsteht anderswo oft ausgeprägter, weil sie nicht in der Begegnung mit der kräftigen Dorfkultur des Umlandes gemildert wird, sondern nur als Inbegriff des Sichtbar-Werdens. Hier bleibt auch in der Masse immer der Mensch zurück, dem die Durchdringung des öffentlichen und privaten Lebens die Zuflucht ins Anonyme begrenzt und der deshalb als das erscheint, was er ist: eine angenehme oder wunderliche Mischung aus Eigenarten, die man liebenswürdig-nachsichtig beschreiben oder gutmütig-spottend bloßstellen kann.

Wenn ich hier auf etwas unschickliche Weise meine Beobachtungen mitteile, dann nicht etwa, weil ich schulmeisterlich-ironisch richten will. Ich zeige nur gut gelaunt, anerkennend oder mit spitzem Finger auf das Wesentliche, hinter dem sich freilich jeweils ein Mensch verbirgt, der mir das ungeschminkte Leitmotiv seiner selbst willig, wenn auch nicht freiwillig zugetragen hat.

In bemerkenswerter Ausprägung gibt es also in Kaufbeuren ...

... den Verantwortungsbewußten, der andauernd „initiativ" ist, das heißt: der so lange etwas lautstark fordert, bis er jemanden findet, der die Verantwortung für die Folgen übernimmt. Oft genug ist es dann die Stadtverwaltung, die ein hübsch verpacktes Problem geschenkt bekommt, an dem sie sich Geld ausgebend freuen darf.

Es gibt den Berufskaufbeurer, der argwöhnisch am Puls der Stadt sitzt, weil er allein den Gesundheitszustand seines Gemeinwesens vor Augen hat. Beim geringsten Fehlschlag diagnostiziert er sofort das Richtige: zumeist ein Warnsignal unerlaubter Veränderung.

Es gibt den kühnen Streiter, der seine zornige Faust in Form eines Leserbriefes in die Stadt hineinstößt, damit die Gemeinde am Widerhall erwache. Aber leider wird die Faust entweder aus redaktionellen Gründen zum Fäustchen oder die Mißgunst nimmt ihr jede Energie, weil der Leser dieser Privatmeinung übelnimmt, daß es nicht seine eigene ist.

Es gibt den Kirchgänger, der sein Gotteshaus verläßt, als sei er beim Friseur gewesen: ordentlich hergerichtet für eine Woche kleiner Sünden.

Es gibt den Grünen, der mit unvergleichlichen Glücksgefühlen aus einem Traum folgenden Inhalts erwacht: Nach dem Abriß der Häuser und der Beseitigung sämtlicher Siedlungsspuren in der Gemarkung Kaufbeuren bleibt nur der Turm der Martinskirche als Mahnmal menschlichen Naturmißbrauchs zurück. Er trägt ein Storchennest. In seinen Öffnungen nisten Ohreulen und Käuze. Er ist umgeben von Feuchtwiesen, Trockenwiesen, Naßwiesen und Kümmerwiesen. Im Sumpf unter dem ehemaligen Rathaus bauen Biber ihre Burgen. Aus dem Eichen-Buchen-Mischwald der oberen Kaiser-Max-Straße dröhnt das Röhren der Hirsche, während eine Luchsfamilie durch das Gras der Sedanstraße nordwärts zieht ...

Es gibt den Bayern, der standhaft sein Schwabentum verleugnet, stets unter weißblauen Bettbezügen schläft und dessen Schnarchen schließlich wie die Bayernhymne klingt: furchtlos und laut.

Es gibt den Naturfreund, dem folgendes widerfährt: An einer Edelweißstelle in den Bergen, die nur ihm, anderen Naturfreunden und dem lieben Gott bekannt ist, sieht er von ferne Menschen. Mit einem Aufschrei des Entsetzens stürzt er los, um diese edelweißpflückenden Frevler zur Rede zu stellen. Die Frevler sind harmlose Spaziergänger, aber des Naturfreundes schwere Bergschuhe haben bei der naturschüt-

Im Sommer segeln, im Winter eislaufen – der Bärensee ist wichtig für die Kaufbeurer Freizeit

Am Kaiserweiher auf dem Weg nach Kleinkemnat

zenden Raserei ihres Besitzers neun Orchis maculata und zwei Orchis latifolia im Boden zerstampft. Hätte der Naturfreund diese streng geschützten Knabenkraut-Arten gepflückt, wäre er zwar straffällig geworden, aber den Pflanzen wäre dieses unbarmherzige Lebensende erspart geblieben.

Es gibt den rücksichtslos Lasterhaften, der sich nicht scheut, in der Schmiedgasse eine Zigarette anzuzünden und damit hundert Menschen das noch schädlichere passive Mitrauchen aufzwingt. Ein Kunde einer Buchhandlung begann schon zu husten, als sich dieser Raucher dem Obstmarkt näherte.

Es gibt die Feministinnen, die schon bei dem Wort „Mann" zusammenzucken, weil ihnen dabei nur Böses in den Sinn kommt. Sie führen in dieser Stadt ein unerfreuliches Dasein. Ihre Lebhaftigkeit erschöpft sich im Augenblick an der Strapaze, sich zu vereinen.

Es gibt den lebenslangen Stadtrat, dessen Verwaltungskünste unerkannt dahinschwelen, aber den Rauch täglichen Unmuts über die Unfähigkeit der Stadtverwaltung verbreiten. Er läuft als Mahnmal unerlöster Vollkommenheit durch die Stadt und erzählt jedem, daß er der geborene Entscheidungsfinder sei. Wählte man ihn eines Tages tatsächlich in den Stadtrat, dann würde er wohl vor Schreck sofort verglühen.

Es gibt den Selbstgerechten, der sich stets juristisch einwandfrei verhält und täglich notiert, wie viele radfahrende Jugendliche er gemaßregelt hat. Er läuft andauernd Gefahr, an kalten Wintertagen an einer defekten roten Ampel zu erfrieren, weil ihn sein ausgeprägtes Rechtsempfinden daran hindert, unerlaubt den Fuß zu rühren.

Es gibt den Schreiber dieser Zeilen, über den nichts Originelles zu sagen ist und der diese belanglosen Worte nur dazu benutzt, eilig das Thema zu wechseln.

Die Verhältnisse

Die Provinz hat oft nicht das, was sie verdient; aber sie verdient stets das, was sie hat: Die Rede ist vom Vereinsleben.

Im Sprachschatz intellektueller Großstädter kommt das Wort „Verein" begreiflicherweise nicht vor, denn es setzt etwas voraus, das man den „Stallgeruch nach Mensch" nennen könnte. Die sprachliche Verdünnung des vergeistigten Egoisten kennt Geselligkeit eben nur als Verzweiflungsform menschlichen Daseins und nicht als das, was sie ist: die sich stets erneuernde Quelle des Gemeinsinnes. Hinter diesem Gemeinsinn verbirgt sich nicht etwa die harmlose Idylle, sondern die gestaltende Kraft der Provinz. Sie heißt „Verein" und ist ohne eine besondere Art Menschen, die in schäbiger Verharmlosung „Vereinsmeier" genannt werden, nicht denkbar. Sicherlich, das unschöne Wort von den „kommunalen Mehrzweckfiguren" mag hin und wieder den Sonderfall des überlasteten Wichtigtuers beschreiben, aber viel häufiger beschreibt es den energischen Idealisten, der nicht „nein" sagen kann, wenn ihm Verantwortung abverlangt oder phantasievolle Führung aufgenötig werden.

Natürlich gibt es wichtige und unwichtige Kaufbeurer Vereine. Das demokratische Prinzip der Mehrheiten bedingt auch hier den Einflußreichtum der Gegebenheit. Natürlich ist jener Verein, dessen Aktive mit Holzschlägern gegen eine Gummischeibe schlagen und längst in das professionelle Nirwana vorgedrungen sind, etwas Besonderes, weil er den Namen Kaufbeurens über Deutschland verbreitet; aber es ist keineswegs so, daß ihm in dieser Stadt alles gegönnt und alles verziehen wird. Auch er hat sich – auf paritätische Art – in die Rangordnung der Gemeinschaften einzufügen. Gewiß, das ist provinziell, aber bezeichnend für die Wesensart einer Stadt, die nicht bereit ist, das Prinzip des Gemeinsinnes widerstandslos einer abenteuerlichen Attraktivität zu opfern.

Anfangs war ich erschrocken, als mir bewußt wurde, daß ich Mitglied in drei Vereinen bin. Damals litt ich noch an dieser muffigen Unart des Intellektuellen, vor Dingen zurückzuschrecken, die ihm sehr bieder und deutsch vorkommen. Mittlerweile bin ich vom Eigenbrötler zum Menschen gereift. Die Gemeinschaft eines Vereins, die ebenso herausfordernd wie beschützend sein kann, korrigiert die überschätzte Wichtigkeit des Einzelnen.

Wer ist der Vorsitzende der „Kaufbeurer Initiative"? Der Zweite Vorsitzende des „Tänzelfestvereins"! Wer ist der Zweite Vorsitzende des „Tänzelfestvereins"? Der Zweite Vorsitzende der Feuerwehr! Wer ist der Zweite Vorsitzende der Feuerwehr? Der Beirat von „Aufbruch-Umbruch"! Wer also ist das?

Ein Kaufbeurer, der dieses Rätsel nicht lösen kann, verdient es nicht, ein Bürger dieser Stadt zu sein. Die Tatsache, daß man einen Menschen allein an der Häufung seiner Ehrenämter erkennt, beschreibt nicht etwa sein unentwegtes öffentliches Sichtbar-Werden, sondern die Dynamik seines Ideenreichtums. So lästig mitunter die Erfahrung ist, daß eine Kleinstadt der Privatsphäre täglich hundert Augen entgegenschickt, denen man sich nicht entwinden kann, weil der stets überschaubare Rahmen einen daran hindert, so vielversprechend ist sie auch. Es gibt keine undurchdringliche Grenze zwischen Privatleben und Öffentlichkeit. Das Öffentliche beginnt nicht nur dort, wo es sichtbar, sondern auch dort, wo es spürbar wird. Es ist der Instinkt, der dem Ideenreichen das Amt anbietet und dem Tatkräftigen das öffentliche Opfer auferlegt. Hinter dem anerkennenden Ausruf: „Das ist ein Kerl!" verbirgt sich eben mehr als der hier nicht in Betracht gezogene Männlichkeitswahn; dahinter verbirgt sich das, was im Verwaltungsdeutschen „Führungsqualität", im Politikdeutschen „Durchsetzungsvermögen" und im Volksdeutschen „Mächeler" heißt, also das anspruchsvolle bürgerliche Selbstbewußtsein. Es ist irgendwann vom öffentlichen Leben nicht mehr zu trennen; trennt den Betroffenen allerdings irgendwann nachhaltig vom Privatleben. Ich habe, was die Kaufbeurer Verhältnisse betrifft, das Vereinsleben aus gutem Grund an den Anfang gestellt. Der Kulturbegriff einer Kleinstadt wird wesentlich von ihm bestimmt und schließlich auch an ihm gemessen.

Wenn von provinzieller Geistigkeit gesprochen wird, dann entsteht in den Augen des Intellektuellen wohl das Bild heftig röchelnder Krämerseelen, die sich einem Genie so lange an die Beine klammern, bis es zusammenstürzt. Das Bild ist herzzerreißend, aber nichts wert. Gleichgültig, was der Einzelne für Erfahrungen in der Kleinstadt gemacht hat, er muß auch darüber nachdenken, daß hier die ideelle Maßlosigkeit ihre Grenzen hat, weil sie immer wieder das Prinzip des Gemeinwohles gefährdet. Damit zeigt sich nur die Folgerichtigkeit des Gemeinsamkeitsgefühles, das dem Einzelnen den Verzicht und nicht der Gemeinschaft das Opfer auferlegt. Sicherlich kann daraus das Gefühl der Einengung entstehen, aber wenn man die Ursachen dafür nüchtern einschätzt, dann findet man sie nicht in der bornierten Mittelmäßigkeit, sondern in der unbefangenen Ehrlichkeit. Diese Unbefangenheit setzt die Maßstäbe des Lebens, und der Kleinstädter hat die rechtfertigende Überlegung nicht nötig, ob diese Maßstäbe für jemanden anders als für ihn selbst bedeutsam sind. Wer sich zu Höherem geboren fühlt und sein geistiges Sendungsbewußtsein ernsthaft entfalten will, sucht sich beizeiten die richtigen Wirkungskreise.

Immer wieder werde ich von Gästen gefragt, wie ich es denn in dieser langweiligen Kleinstadt aushalte. Ich pflege zu antworten: Weil ich weiß, warum Kaufbeuren keine „Wagner-Festspiele", keine „Bachwoche" und keine „Documenta" braucht. Warum also? Weil diese Stadt auf bescheidene, aber sehr rührige und einfallsreiche Weise für sich selber sorgt und dem subventionierten Ereignisdonner städtischer Hochkultur ein abwechslungsreiches oder unterhaltsames Eigenleben entgegensetzt, das nur dem verborgen bleibt, der sich ständig über einen Mangel an Kultur beklagt, anstatt den Veranstaltungskalender des Verkehrsvereins zu lesen. Vermutlich entsteht diese Unaufmerksamkeit auch aus einer gedanklichen Trägheit.

Es gibt einen inneren Zusammenhang zwischen der Trägheit des Denkens und dem Fleiß des Schimpfens. In dieser Hinsicht verwandelte sich die Kaufbeurer Stadtverwaltung zu einem Monument der öffentlichen Fürsorge. Wenn ich über diese Verwaltung ein lobendes Wort verliere, habe ich diese Keckheit meist

Das Tänzelfest ist der Höhepunkt im Kaufbeurer Jahreslauf

Ritter, Landsknechte, Gaukler, Feuerschlucker – beim Lagerleben des Tänzelfestes gehört ihnen die Stadt

mit dem verächtlichen Hinweis zu büßen, daß ich von Verwaltungsaufgaben nun wirklich nichts verstünde. Ich verstehe auch nichts davon. Das unbehagliche Gefühl, der einzige Kaufbeurer dieser Überzeugung zu sein, wird zusätzlich durch die Vorahnung belastet, daß ich damit als Bürger nicht mehr bedeutsam bin; denn die Stadtverwaltung nimmt nur der in Schutz, der sich ihr anbiedernd zu nähern wünscht. Ich höre zwar hin und wieder anzügliche Kommentare, zum Beispiel über die wundersame öffentliche Stellenvermehrung, die in der sozialen Gallionsfigur des „Beauftragten" ihren würdigen Abschluß findet. Ein Berufsbild, das ich durchaus ideenreich erweitern könnte. Ich höre von Verwaltungsgerichts-Prozessen, die nur deshalb verloren gingen, weil damit das Pech des Tüchtigen erwiesen sei; auf das Glück des Unfähigen wäre ja schließlich kein Verlaß. Ich höre von kommunalen Wasserköpfen, die sich nach dem Parkinsonschen Gesetz entwickelt haben und bei bester Gesundheit weiter wachsen. Aber, wie gesagt, ich verstehe nichts davon.

Nur einmal hatte ich unter einem Mißgriff der Verwaltung zu leiden, aber ich möchte diese Geschichte ganz unauffällig erzählen, um nicht ein allgemeines gieriges Aufhorchen zu entfesseln. Es war ja auch nichts Schicksalhaftes, nur eine Kleinigkeit, die jedoch, wenn man so will, die geistige Bequemlichkeit auf traute Art beleuchtet.

Nach dieser umständlichen Einleitung scheue ich mich noch mehr, von einem Mißgriff der Verwaltung zu sprechen, weil immerhin die Möglichkeit besteht, daß mir nur die gedankliche Trägheit eines Einzelwesens diese kleine Störung des Lebens zugemutet hat; ein Mensch, der vielleicht gerade an den zärtlichen Rückstand einer Liebesnacht dachte, als er mich verwaltungstechnisch in das Niemandsland der bürokratischen Mißgeburten schickte.

Im Herbst 1985 wartete ich mit meiner Frau in einer Autoschlange an der bayerisch-thüringischen Grenze, die damals noch Staatsgrenze zweier Welten war, auf die Abfertigung. Ein DDR-Offizier, gutgelaunt wie ein Mensch, der sich von einem Lachanfall zu erholen sucht, kam mit meinem Reisepaß ans Auto und fragte mich nach meinem Geburtsdatum. Ich gab ihm höflich Auskunft, war jedoch von den Folgen dieser Auskunft überrascht: Ich mußte ihn zu den Amtsräumen begleiten. Nun war ich an dieser Grenze einiges gewöhnt; mich konnte nichts erschüttern. Erschüttert hat mich allerdings das Gelächter der Grenzoffiziere, die mir in meinem Kaufbeurer Reisepaß nachwiesen, daß ich an einem 30. Februar geboren sei; also, um es feinfühlig zu sagen, an einem Tag, den die Kaufbeurer Stadtverwaltung erfunden hat weil es ihn in den Kalendern dieser Welt nicht gibt.

Mir sind damals einige Unbequemlichkeiten entstanden, doch heute bin ich stolz: Die Kaufbeurer Stadtverwaltung hat einen 30. Februar.

Aber, wie gesagt, ich verstehe nichts von Verwaltung.

Die bürgernahe Körperschaft des Stadtrates gibt mir mehr Anlaß zum Nachdenken; schließlich habe ich diese Damen und Herren gewählt. Die oft verkannte Hierarchie dieses Gremiums wurde mir beizeiten bewußt. In feinen Abstufungen lassen sich Stadthauptträte, Stadtoberräte, Stadtdauerräte oder Stadtschweigeräte entdecken, wobei die persönliche Aura keinem so recht zuwachsen will, weil die Fraktionsordnung die Vernunft des Einzelnen an die Parteidisziplin bindet und mitunter das Brauchbare durch die bloße Mißgunst neutralisiert. Auch in anderer Hinsicht ist die magistrale Würde durch den demokratischen Alltag gefährdet. Die Kaufbeurer Wählerschaft versucht zwar immer wieder, nach altmodischen Vorstellungen die Persönlichkeit zu wählen, scheitert aber bisweilen an der Tatsache, daß die Kandidatenlisten nur aus Namen bestehen, denen ein Foto, ein Lebensläufchen und sonst nichts folgt. Deswegen tut sie das Richtige: Sie wartet, bis sich hinter dem gewählten Namen ein Mensch rührt und behält ihn, falls er vielversprechend ist, für die nächsten Legislaturperioden im Auge. Auf diese Weise sind fähige Stadträte nicht schnell, doch dauerhaft gesammelt. Die politischen Parteien und Wählergemeinschaften leben dann vom Ansehen dieser Räte, wenngleich ihnen niemand ausreden kann, daß es umgekehrt sei.

Es ist jammerschade, daß den Kaufbeurer Ortsgruppen der politischen Parteien verborgen bleibt, wie gering sie das Leben dieser Stadt beeinflussen. Sie markieren zwar bei besonderen Gelegenheiten ihre programmatischen Reviere, aber sonst sind sie bedeutungslos. Allein im Stadtrat wird die politische Kultur der Bekenntnissturheit gepflegt, die dann irgendwann in der Sackgasse des Fraktionszwanges endet. Solche Verstöße gegen die Logik des Gemeinsinnes werden von den Bürgern gewissenhaft vermerkt. Sie reagieren ohnehin empfindlich auf Politik, weil ihnen dabei bewußt wird, daß sie Bayern sind. Was das nun immer heißen mag: In dieser Bemerkung könnte der mitleidige Hinweis verborgen sein, daß eine der beiden Volksparteien in Kaufbeuren 62 Mitglieder zählt. Beinahe ebensoviel wie einer der kleineren Vereine.
Selbstverständlich wäre ich in der Lage, die Kaufbeurer Verhältnisse ausführlicher, fragwürdiger oder indiskreter darzustellen. Ich verzichte aus persönlichen Gründen darauf. Beim Schreiben überkam mich der Verdacht, daß ich der sonderbaren Neigung nachgebe, die Provinz vor mir selbst zu verteidigen. Ich gehe solchen Gefahren aus dem Weg, indem ich dieses Kapitel mit der Ausrede beende, daß mir der Herausgeber Sparsamkeit verordnet hat.

Die Ereignisse

„Kaufbeuren – eine Stadt mit Tradition" war auf einem Plakat des Verkehrsvereins zu lesen. Vielleicht sollte man mit diesem Begriff etwas vorsichtiger sein, weil sich in ihm alle möglichen guten und schlechten Gewohnheiten vereinen können. Als Arno Schmidt von Tradition als der „Gesinnung der Faulen" sprach, die „Pfützen stehen läßt, weil sie vielleicht noch von der Sintflut herrühren könnten", hat er sie nur bösartig als Erstarrungsform verstanden, aber auch eine ihrer Wurzeln bloßgelegt, die vom Stillstand des Denkens lebt.
Die Werbung: „Stadt mit Tradition" kann ja auch zu der besorgten Frage führen: Und sonst nichts? Und was noch? Auf diese Weise erweckt man den Verdacht, seine Lebendigkeit aus seiner Geschichte zu borgen, was der Vorstellung einer munteren Gegenwart nicht dienlich ist. Es kommt nicht so sehr darauf an, ob eine Stadt Tradition besitzt, sondern wie sie sie begreift und mit ihr umgeht. Kaufbeuren hat es nicht nötig, mit diesem unklaren Begriff „Tradition" zu werben. In dieser Stadt ist aus sorgsam bewahrter Vergangenheit eine inspirierte Gegenwart geworden, die alte Bilder in stimmungsvolle Ereignisse verwandelt. Auch hinter dem geplagten Begriff der „Tradition" verbirgt sich nur die verklärte Erinnerung an das Bedeutsame, die Gestalt annimmt, Lebendigkeit gewinnt oder in szenischer Deutung der Vorgänge auf allgemeine Weise mitteilbar wird. In dieser Art erzählen Städte die Höhepunkte ihrer langen und ereignisreichen Geschichte, liebevoll bewahrt, liebevoll gepflegt und der Zukunft als Vermächtnis übertragen. Denn Tradition ist keine Mitgift, die sich mühelos vererbt. Sie muß von jeder Generation aufs neue erworben und fortgeschrieben werden mit den Grundsätzen, aus denen sie entsteht: entschlossen zu denken, aufrichtig zu fühlen, überzeugt zu handeln und aufmerksam zu leben.
Kein Wunder also, daß der „Kaufbeurer Zwergenaufstand" im Juli jedes Jahres nicht nur eine lange Geschichte, sondern eine höchst lebhafte Gegenwart hat. Es ist tatsächlich ein „Aufstand", obgleich er „Tänzelfest" genannt wird. Geordnet von – ja was wohl? – einem Verein öffnen sich die familiären Schleusen und lassen altgewandete Kinder hervorquellen, die wie bunte Tropfen von der Stadt Besitz ergreifen und sich zu einem Gewoge vereinen, das als fröhlicher Lindwurm durch die Straßen zieht.
Den „Aufstand" werden mir manche Heimatforscher und Berufskaufbeurer übelnehmen, denn im Mittelpunkt steht nichts anderes als der nachgespielte Einzug eines Kaisers, dem, sorgsam überwacht, die Kinder Figur und Stimme leihen. Aber diese Kinder sind eben keine beweglichen Schaufensterpuppen

Alljährlich stehen beim Tänzelfest die Kinder im Mittelpunkt der Stadt

der Kaufbeurer Stadtgeschichte, sondern ein quirliger Haufen beseelter Wesen, denen der historische Kaiser Maximilian so gleichgültig ist wie ein Artikel auf der Lokalseite der Zeitung. Diese Kinder freuen sich über das Zerbersten der Alltäglichkeit. Sie freuen sich an der Schönheit ihres Gewandes, das den Normalfall des Daseins verzaubert, weil ihnen ein Mittelpunkt zuwächst, in dem sie sich bewegen wie die Fee im Märchen: unanfechtbar, unbelehrbar, unerziehbar. Ihre Gewandung wird zum Tarnmantel stiller Empörung über den Verlust des Paradieses zugunsten der Schule und anderer Widerwärtigkeiten. Sie fühlen sich groß und stark und fühlen vielleicht zum ersten Male sich selbst im Beifall der Erwachsenen, der eben nicht maßregelnd ist, sondern ihre Empfindungen in diesem Augenblick bestätigt.
Na bitte: Ist das nicht der Aufstand der Poesie gegen das Machtvoll-Banale?
Nun heißt das nicht, daß mir der Anlaß nichts gelte. Ich nehme ihm nur das Schulmeisterlich-Bedeutsame. Ich entdecke im „Tänzelfest“ meine ganz persönliche Erlebniswelt, zum Beispiel wenn abends in der Kaiser-Max-Straße der „Zapfenstreich“ gefeiert wird und die Knabenkapelle die Landsknecht-Trommeln rührt, in denen der uralte Impuls trotzigen Lebenswillens hörbar wird. Das Licht der Fackeln verbreitet die Stimmung einer Verschwörung; und so war es wohl einst gemeint: als beschwörende bürgerliche Selbsthilfe, die in der Bürgerwehr den Überlebenswillen einer Stadt symbolisch überhöht.
Eines Tages besuchte ich den „Zapfenstreich“ mit einem Verwandten. Wortlos hatte er alles miterlebt. Als am Schluß die Kaufbeurer Zuschauer ihre Hymne, das „Buronlied“ sangen, da brach es aus ihm heraus: „Mein Gott, wie habt ihr es schön bei euch!“ Er sagte es selbstversunken, aber sehr laut und, wie es sich für ihn gehört, auf Sächsisch. Einige Umstehende waren über diesen befremdlichen Tonfall dermaßen erschrocken, daß sie zu singen aufhörten. Aber ihn berührte nichts mehr. Er schaute feuchten Auges in die Fackellichter und spürte nur die Wollust seiner Stimmung.
Ich habe ihn nicht gefragt; doch wird er wohl mit seiner Äußerung etwas anderes gemeint haben: Mein Gott, wie geht das zu, daß man sich als Gemeinschaft fühlen kann, ohne zu wissen, warum!
Für mich nistet sich der Höhepunkt des Tänzelfestes im Amphitheater des Tanzplatzes ein, und ich habe diesen Höhepunkt niemals versäumt.
Wenn Kinder nach einer vorgegebenen Choreographie tanzen, dann zeigen sie auf ebenso beispielhafte wie eindrucksvolle Weise den Erziehungserfolg des Lebens. Bei den Älteren wird Disziplin spürbar. Sie denken an das Musterhafte in Form von Wohlverhalten. Aber bei den Jüngsten, den „Bürgerkindern“, sechs oder sieben Jahre alt, gelingt der ordnende Eingriff nur ansatzweise. Sie tanzen, aber mit einem Male hat jede Dressur ihre Berechtigung verloren. Noch niemals habe ich Menschen so selbstvergessen, so selbstlos, so selbstverloren tanzen sehen wie diese Kinder, von denen viele vergessen, was ihnen aufgenötigt wurde, weil sie das, was ihnen abverlangt wird, auf eigene Art umsetzen: in eine vertraute, aber eigensinnige und nur von Gefühl bestimmte Bewegung. Etliche tanzen buchstäblich vor sich hin: Eine schlimme Erfahrung für alle, die diesen Tanz einstudiert haben, aber eine wohltuende für jene, die diesem Tanz mehr zubilligen als die, die ihn einstudieren.
Ich weiß nicht, ob mir der Herausgeber den folgenden Satz gestattet. Er ist für besonders Feinfühlige geschrieben: Kennen Sie das Angesicht der Unschuld? Nein? Dann fahren Sie am dritten Sonntag oder Montag des Monats Juli nach Kaufbeuren und schauen Sie dem Tanz der „Bürgerkinder“ zu. Dort haben Sie das Paradies; und wenn Sie es wünschen, sehen Sie es.
Kein Paradies ohne Schlange. Aber dieser Versucher erschien mir bei späterer Gelegenheit. Die Fahnenschwinger waren aufgezogen: Und dieses Bild aus wehenden Farben, anmutigen Gewändern, begeisterten Menschen, würdiger Kulisse und verhaltener Musik in der Sonne eines Sommernachmittages wirkte so stark auf mich, daß es mich zu Tränen rührte. Da setzte sich eine Dame des Heimatvereins zu mir, blickte mich grämlich an und verkündete mit barscher Stimme: „Wissen Sie eigentlich, daß da unten das falsche Kaufbeurer Wappen gezeigt wird?“

Sie wird an der Schrecklichkeit meines Blickes bemerkt haben, daß ich dabei war, sie zu erstechen und verschwand.
Ich möchte an dieser Stelle das Mißverständnis vermeiden, unfreundlich über den Heimatverein zu reden. Nachdrücklich sei betont, daß ich nur die belehrende Aufdringlichkeit heimatkundiger Zeitgenossen als unangenehm empfinde, die für jede Kleinigkeit eine stadtgeschichtliche Erklärung haben und deren Beziehung zu Kaufbeuren eben deshalb so oberflächlich wirkt. Die Arbeit des Heimatvereins ist für mich unantastbar. Die von ihm herausgegebenen „Kaufbeurer Geschichtsblätter" mit ihren sorgfältig recherchierten Miniaturen zur Stadtgeschichte, haben eine treue und erwartungsvolle Leserschaft. Seine Tätigkeit verdiente mehr Beachtung, wenngleich ich im Augenblick das Gefühl habe, diese Ermahnung für mich selbst zu schreiben.
Das Bedürfnis, Gefühle zu entdecken und Stimmungen zu suchen, verbindet sich eng mit der schreckhaften Neubesinnung unserer Zeit. Wie immer in solchen Fällen hat einer dieser besonderen Kaufbeurer ein Gespür für das Richtige. In der Wärme seiner Begeisterung schmelzen die kleinmütigen Bedenken und mit der organisatorischen Triebhaftigkeit eines Vereins wird dann ein Ereignis geboren, das schließlich zwanzigtausend Menschen auf die Beine bringt. Auch hier erscheint wieder die Kraft des Gemeinsinnes, denn diese Veranstaltung wird nur durch das Zusammenwirken von Vereinen und Gruppen möglich, die sich gemeinsam einer Idee zuordnen. Ob sie das uneigennützig tun, ist gleichgültig. Am Anfang jedenfalls stand allein die Begeisterung, denn damals konnte keiner wissen, ob die Vorleistung des Aufwandes auch vergolten wird.
Das Ereignis heißt „Historisches Lagerleben", verbindet sich mit dem Tänzelfest und ist nichts anderes als die Besitzergreifung einer Stadt durch den Zauber einer Stimmung.
Ein Blick auf diese „Lager" kann schon deshalb vielversprechend sein, weil eine Stadt dafür auch das Verborgene öffnet. Da gibt es die Weinstuben in der Remise eines Patrizierhauses und im Tonnengewölbe eines ehemaligen Bierkellers. Die Eigentümer dulden nicht nur den öffentlichen Gebrauch ihrer Häuser, die scheinen ihn zu genießen und sind gern bereit, dem Interessierten andere Eigenarten ihrer Gebäude vorzuführen. Auf diese Weise sah ich Prachtstücke des unterirdischen Kaufbeurens: zum Beispiel eindrucksvolle Kellergewölbe, die wie mächtige Verließe wirken.
Da gibt es die Theaterspieler, die mit deftigen Stücklein gegen den Massenlärm ankämpfen oder im abgelegenen Winkel hinter der Blasiuskirche die Kaufbeurer Theatertradition neu beleben. „Schmotzursels Gunkelhaus und Sauhansens Hausstand" heißt so ein Schwank, nach altem Vorbild geschrieben und schon des Titels wegen lustvolles versprechend. Da gibt es die Musiker, die mit flotten Tänzen der Renaissance in der Abgeschiedenheit eines Hofes die Ruhebedürftigen unterhalten. Da gibt es die wilde Gesellschaft der Feuerwehr, die selbstvergessen mit Schwertern aufeinander einschlägt, bis einer ohnmächtig samt Kettenhemd zusammenstürzt. Da gibt es liebevoll hergerichtete Plätze und auch das dürftige Etwas an Kulisse, von dem keiner begreift, was damit gemeint ist und das nur als zarte Andeutung der Einfallslosigkeit ihrer Erzeuger einen Sinn bekommt. Da gibt es den von Trommeln und Fanfaren begleiteten Aufmarsch, mit dem der Vorstand des Tänzelfest-Vereins durch die Straßen zieht. In diesem Augenblick scheint sich das Träumerische zu bestätigen: Während der Leiter des städtischen Ordnungsamtes angstvoll lauert, ob seine Auflagen auch erfüllt werden, löst sich die bildhafte Illusion einer Märchenwelt von der Gegenwart und verbreitet den Anschein der Eigenständigkeit. Die Bewohner regieren ihre Stadt mit den Mitteln eigenwilliger Verfremdung. Nicht als Herrschaft der Narren, wie sie die Faschingszeit kennt, sondern allein mit der Gewißheit, daß eine unklare Sehnsucht nach verlorenen Inhalten des Daseins merkwürdige Folgen haben kann.
Ich sehe dieses „Lagerleben" mit meinen Augen. Ein nüchterner Beobachter wird ganz andere Erklärungen für seine Hintergründe finden und besonders das Störende isolieren, etwa die Grausamkeit fahrbarer

Der Römerturm aus dem Mittelalter in Großkemnat – Rest einer stolzen Burg

Blick auf St. Stephan in Kleinkemnat

Toiletten oder den Eindruck einer Freß-und-Sauf-Gesellschaft, der eine Gelegenheit geschenkt wurde, ihrer geistlosen Völlerei zu frönen. Aber ich halte das nicht für wesentlich. Schließlich entstehen ja seit alters her Gemeinschaftserlebnisse aus dem geselligen Essen und Trinken; beim „Lagerleben" verbinden sich erst damit Poesie und Wirklichkeit.

Viel wesentlicher ist für mich diese enge Beziehung zwischen einer Stadt und ihren Menschen. In festlichen Anlässen dieser Art, die nur in der Ursprünglichkeit einer Altstadt möglich sind, sprudelt etwas von der südländischen Beschwingtheit, die das Ereignis des Sonnenunterganges im Lebensraum der Stadt feiert. Der gewohnte hastige Rückzug ins Private unterbleibt. Die Stadt bietet allen, die sich ihr zugehörig fühlen, die Behaglichkeit zwangloser Gemeinschaft.

Wenn ich von den Kaufbeurer Ereignissen rede, dann bewußt von denen, die die allgemeinste Wirkung haben und gleichzeitig die Vielfalt der Stadtkultur beschreiben. Es gibt hundert andere, denen ich nicht gerecht werde, weil mir der Herausgeber vernünftigerweise den Platz beschränkt. Meine Auswahl beschreibt letztlich nur das für mich Eindrucksvolle.

Durch den Erziehungserfolg der Provinz sind einige meiner hinderlichen Vorurteile regelrecht abgefault. Darunter ist mir die Ansicht abhanden gekommen, daß sich Talente nur im geistigen Reizklima einer Großstadt folgerichtig entfalten können. Für einige Formen schöpferischer Tätigkeit trifft das Gegenteil zu: Sie entfalten sich besonders ungehindert in der unbefangenen Geistigkeit der Provinz. Das gilt nahezu uneingeschränkt für das Theaterspiel.

Leider ist die deutsche Sprache nicht sehr hilfreich, um der Vielfalt dieses Begriffes gerecht zu werden. Dieses armselige Wort „Laienspiel" erinnert allein schon durch das kraftlose Gesäusel seines Klanges an die Deklamationsätherik alter Jungfern. Mir fällt leider kein treffender Ausdruck ein, der allgemein akzeptiert werden könnte, und so erinnert wohl die Bezeichnung „Volkstheater" am ehesten an die unbekümmerte Spielfreude, die in vielen Menschen nur darauf wartet, geweckt zu werden.

Ein Beispiel: Was geschieht, wenn ein heimatverbundener Schauspieler, ein umtriebiger Mensch, die erneuerten Reste einer Burganlage und eine bewundernswert geschlossene Dorfgemeinschaft namens Kemnat zusammenkommen? Nun? Keine Idee einer Antwort?

Ganz einfach: Es entstehen die „Kemnater Burgspiele".

Es ist zu erklären, daß sich hinter dem Wort „Kemnat" zwei Dörfer verbergen, die mittlerweile zum Stadtgebiet gehören und nur durch eine Straße, eine Abwasserleitung und einen Stadtrat mit Kaufbeuren verbunden sind. Sonst sind sie eine Welt für sich und werden das auch bleiben.

Ich will diese Welt nicht weiter beschreiben, weil man sie erleben muß, um ihre Eigenart zu erfahren. Jedenfalls ist es eine Welt, in der man sich auch von der Arglosigkeit seiner Gesinnung trennen müßte, wenn man gezwungen wäre, seine Haustür zu verschließen. Was wohl selbst dann nicht geschieht, wenn die Einwohner nur ihre Hunde und Katzen zurücklassen, um am Römerturm das eigens für sie geschriebene Historienstück zu spielen.

Nun habe ich zu diesem Kleinkemnat eine besondere Beziehung. Ich kenne die Mehrzahl der Dorfbewohner in ihrer kostbaren Mischung aus bäurischer Tatkraft und akademischer Bildung, wobei ich das Adjektiv „kostbar" mit Bedacht gewählt habe. Denn auch hier erledigen sich die sogenannten Sozialprobleme von allein, weil sie nur dann in Erscheinung treten, wenn ein besonders dünkelhafter Akademiker und ein besonders dünkelhafter Bauer zusammentreffen. Auch dieses Ereignis kennt die Provinz. Aber eben nur am Rande.

Auch die „Kemnater Burgspiele" folgen nur den Zeichen der Zeit mit den Mitteln des Gemeinsinnes. Ein Verein ordnet, die kundige Hand lenkt und mehr als hundert Akteure lassen einen Menschen wie mich, der sich mehr als Beobachter denn als Zuschauer fühlt, sehr nachdenklich werden. Da kommen schauspielerische Talente ans Licht, die den Eindruck erwecken, als sei in ihnen ein zweites Ich angelegt, das bisher unerlöst dahindämmerte. Ich erkannte in ihnen den alltäglichen Menschen nicht mehr wieder. Wo sonst als im „Volkstheater" der Provinz kämen sie zum Vorschein?

Zu den Kaufbeurer Besonderheiten gehören auch Vorgänge, die allein durch den Anlaß zu Ereignissen werden. Man stelle sich eine Nacht zum Sonntag vor. Es ist Januar und kalt. In der einsamen Stadt vermeiden selbst die Katzen den Ausflug an die frische Luft. Nur am Stadtsaal lärmt gegen sechs Uhr morgens ein Menschenhaufen. Der ortsfremde Beobachter traut seinen Augen nicht: vermummte Gestalten spielen Schafkopf, andere unterhalten sich mit langen Dampfwolken ihres Atems, bei einigen kreisen die Schnapsflaschen. Eine frierende, aber merkwürdig geordnete Gesellschaft im schwachen Licht der Straßenlaternen.

Der Ortsfremde denkt sich wohl eine Masse von Verrückten, der an diesem Tag ein Weltuntergang versprochen wurde. Er kann nicht wissen, daß hier die Eintrittskarten für „Aufbruch-Umbruch" erwartet werden. Nun kann er sich auch darunter nichts vorstellen, deswegen sei's gesagt: „Aufbruch-Umbruch" ist ein liebenswertes Ungeheuer, das geißelnd, beißend, klirrend, singend, witzelnd, spuckend, dampfend, sprudelnd und lachend neun Tage seine Kreise zieht und anschließend für ein Jahr verschwindet.

Wählt man für die Beschreibung dieses Ungeheuers die Amtssprache, dann verschwindet es sofort in der Banalität: „Aufbruch-Umbruch. Kaufbeurer Fasching e.V.". Außer der wenig hilfreichen Erkenntnis, daß dies wieder einmal ein Verein ist, bleibt dann von ihm nichts übrig. Aber es entsteht tatsächlich aus einem unklaren Vereinsnamen.

Wie alle Ideen, die von der Ungewißheit ihrer Wirkung begleitet werden, steht auch hinter „Aufbruch-Umbruch" der Spürsinn, das Richtige zur rechten Zeit für das richtige Publikum zu tun. Dahinter steht auch das Wissen um die Möglichkeiten dieser Stadt und ihrer Einwohner.

Die Erfolgsgeschichte dieser Veranstaltung, die sich vom Fasching nur den Anlaß leiht, ist auch die Erfolgsgeschichte der verborgenen Talente und eines nie versiegenden Einfallsreichtums. Dabei überschreibt das Wort „Veranstaltung" das Wesentliche: „Aufbruch-Umbruch" ist keine Veranstaltung, sondern eben ein quirliges Ungeheuer, das sich fünftausend Zuschauer einverleibt, um sie anschließend in guter Laune zu entlassen.

Der Schlüssel zum Erfolg liegt nicht allein in der Programmfolge aus Parodie, Satire, Revue, Humor und Klamauk. Wortwitz und Typenkomik haben ihre Höhepunkte, mitunter so virtuos, daß sie ein gedankliches Nichts zum Lacherfolg veredeln. Aber viel wichtiger ist wohl der Eindruck, daß die Stadtsaalbühne zum spöttischen Richtplatz städtischen Lebens wird. Der scharfe Blick auf den Kaufbeurer Alltag findet die Stilblüten des Geschehens und stellt sie in den Hohlspiegel der Satire. Verfehlungen von Lokalpolitik und Stadtverwaltung erscheinen darin wie die Beutestücke fröhlicher Jagd, die als Ärgernis angeprangert, aber nur selten bösartig entstellt werden. Auch die Akteure von „Aufbruch-Umbruch" beschützen das Lebensgefühl ihrer Stadt. Sie zeigen nur hartnäckig auf das Störende. Für eine aufmerksame Stadtverwaltung kann das zur volksnahen Offenbarung werden. Und die Kaufbeurer Verwaltung ist aufmerksam. Sie steckt die Ohrfeigen ein, weil der Lauf der Dinge zeigt, daß sie leider einen Augenblick zu spät ausgeteilt werden. Das zugrunde liegende Unglück läßt sich damit nicht mehr verhindern. Aber die Stammtisch-Unlust der Kaufbeurer Bürger darf sich eindrucksvoll mitteilen und schafft wohl die Voraussetzungen, daß sich gewisse Schrecknisse nicht wiederholen.

Einer der Mitwirkenden, ein Polizist, ließ mich nachdenklich zurück, weil er das Stimmungsbild von „Aufbruch-Umbruch" mit leuchtenden Augen schilderte: „Schade", sagte er, „heute ist die letzte Vorstellung. Hier ist alles wie in einer anderen Welt. Ich darf mitspielen, fühle mich von allen beachtet, erlebe diese schöne Gemeinschaft und möchte am liebsten, daß alles so bleibt. Und dieses Publikum! Es kommt mir manchmal so vor, als ob es mich umarmt!"

Vielleicht beschrieb er mit diesen Worten ahnungsvoll die Seele seiner Stadt.

Epilog

Ich glaube zwar nicht an Fügungen, halte es aber für merkwürdig, was mir während meiner gedanklichen Beschäftigung mit Kaufbeuren begegnet ist. Im Tiefkeller des Stadtarchivs fand ich einen Karton mit achthundert Manuskriptseiten. Die etwas krakelnde Handschrift war schwer zu entziffern, aber der Text wurde sofort zum fesselnden Erlebnis:
„O Du mein Kaufbeuren, mein Buron, wie man Dich, dem Ohre gefälliger, einstmals nannte; Du tausendjährige Pforte zum Allgäu; Du Schmuckstück am lieblichen Ufer der Wertach; Du Stadt der Waffenschmiede und Weber; Du Vaterstadt, Paradies meiner Kindheit – darf ich Dir gestehen, daß ich Dich liebe? Daß Du mir ans Herz gewachsen? Darf ich Dich meiner Anhänglichkeit und treuen Gesinnung versichern? Darf ich Dir verraten, daß ich kindlich und kindisch, nur um einmal den wieder teuren Namen zu lesen, nach der betreffenden Strecke im Eisenbahn-Kursbuch blätterte? Daß ich den „Sulzbacher Kalender“ zu Rate ziehe, um zu erfahren, das wievielte Tausend heute schon Deine Einwohnerzahl erreicht hat? Daß ich aus dem Verwaltungsbericht des Stadtmagistrates mit stiller Befriedigung festgestellt habe, welch ununterbrochenen Wachstums Dein Verkehr und Dein Handel sich zu erfreuen haben, daß Dich der eiserne Strang nicht blos wie zu Beginn der 50er Jahre mit Augsburg und Lindau sondern auch mit München und Füssen und demnächst auch mit Schongau verbindet? Du wirst es nicht Wert haben wollen und doch trifft es zu: das Gefühl des Stolzes auf meine Geburtsstadt überkam mich ...“
Mit diesen ergreifenden Worten beginnt der 1848 in Kaufbeuren geborene Komponist Herman Hutter seine Lebenserinnerungen. Sie fielen mir in die Hände, als ich dabei war, meine Gefühle zu ordnen, die mich mit dieser Stadt verbinden. Etwas unbeholfen denke ich über den Begriff „Heimat“ nach, der für den Vierundsiebzigjährigen zur Quelle eines innigen Bekenntnisses wird. Er findet auf einfache Weise den Ruhepunkt des Lebens wieder, der in der Nachdenklichkeit der späten Jahre die Bedeutung des Weihevollen erhält. Hinter den gewichtigen Erfahrungen seines Lebens öffnet sich ein Bild, das überraschend und wohl auch schmerzhaft alle Gefühle zusammenführt. Sie vereinen sich zu einem einzigen: der Sehnsucht. Für Herman Hutter war der Gedanke an die Heimat wohl der letzte verklärende Gedanke an das Unvergängliche auf dieser Welt vor den ersten ruhelosen an die eigene Vergänglichkeit. Obwohl er nur fünfzehn Jahre in seiner Geburtsstadt gelebt hat, wurde sie ihm so wichtig, daß er ihr seinen gesamten persönlichen Nachlaß anvertraute.
Dem Neukaufbeurer bleibt die einprägsame Erlebniswelt einer Geburtsstadt versagt. Ihm werden die Heimatgefühle in der Art einer späten Liebe geschenkt, von der er weiß, daß es seine letzte ist. Er erlebt sie anspruchsvoll und dankbar. Wenn ich das Bild des Anfanges wieder aufgreife, dann geht es mir mit Kaufbeuren wie einem Menschen, der seit neunzehn Jahren mit einer hübschen, wenngleich etwas störrischen Kleinbürgerin zusammenlebt. Er liebt sie auf seine Weise: behutsam und nachsichtig. Es ist ein Verhältnis zärtlicher Dramatik. Die Zeiten blickloser Entfremdung steigern nur die Leidenschaft des Wiederfindens. Da erscheint ein lästiger Versucher, der ihn auffordert, seine Beziehung zu dieser Geliebten zu beschreiben. Von nun an beginnt ihn der Gedanke zu quälen, warum er in dieser Zeit niemals daran gedacht hat, sie zu heiraten. Ihm wird die bequeme Einbildung bewußt, daß er nur der Verantwortung für alle Folgen aus dem Wege geht, wenn er es vermeidet, sich öffentlich zu ihr zu bekennen. Die verweigerte Verpflichtung zur Treue entlarvt sich als Unentschlossenheit, die sich den feigen Fluchtweg offenhält. Er leidet zunehmend unter dem Gefühl, kein aufrichtiger Mensch zu sein.
Was meine Beziehung zu Kaufbeuren betrifft, so steht auch vor dem Bekenntnis: Jawohl, Heimat! diese kleine, vielleicht doch nur verschämte Hürde der Unentschlossenheit. Aber das einsichtige Schicksal hat dieses Zögern längst mit großen Buchstaben überschrieben und mein gerechtes Urteil gesprochen: Kaufbeuren lebenslänglich. Erleichtert lege ich den Stift beiseite und gehe. In die Stadt. *Jürgen Kraus*

Der Blick von St. Blasius über die Stadt gilt als einer der schönsten

Benützte Literatur (Auswahl)

Alt, Karl: Reformation und Gegenreformation in der freien Reichsstadt Kaufbeuren, München 1932
Baumann, Franz Ludwig: Geschichte des Allgäus, Bd. I–III, Kempten 1881–1894
Blendinger, Friedrich: Die Mediatisierung der schwäbischen Reichsstädte, München 1980
Breuer, Tilmann: Bayerische Kunstwerke – Stadt- und Landkreis Kaufbeuren, München 1960
Broszat, Martin (Hrsg.): Bayern in der NS-Zeit, I, München 1977
Dehio, Georg: Handbuch der Deutschen Kunstdenkmäler, Bayern III: Schwaben. Bearb. v. Bruno Bushart und Georg Paula, München/Berlin 1989
Demel, Walter: Der bayerische Staatsabsolutismus 1806/08–1817, München 1983
Dertsch, Richard: Schwäbische Siedlungsgeschichte, Kempten 1949
ders.: Historisches Ortsnamensbuch von Bayern – Stadt- und Landkreis Kaufbeuren, München 1960
ders.: Das Franziskanerinnenkloster in Kaufbeuren, in: Bavaria Franciscana Antiqua V, München 1961
ders.: Das Kaufbeurer Tänzelfest (Allgäuer Geschichtsfreund 80), Kempten 1980
Dietrich, Dagmar: Kirchenführer St. Cosmas und Damian, München[2] 1982
Festschrift zum 150jährigen Jubiläum der Spinnerei und Weberei Momm, Kaufbeuren 1989
Fischer, Stefan: Kaufbeuren im 18. Jahrhundert, Kaufbeuren 1989
Frank, Christian: Der Königshof Kaufbeuren, Deutsche Gaue Sonderheft 126, Kaufbeuren 1935
Ganshof, François: Was ist das Lehnswesen?, Darmstadt 1983
Junginger, Fritz: Geschichte der Reichsstadt Kaufbeuren im 17. und 18. Jahrhundert, Neustadt/Aisch 1965
Kaufbeurer Geschichtsblätter 1951 ff.
König, Erich (Hrsg.): Historia Welforum, Stuttgart 1938
Müller, Karl Otto: Die oberschwäbischen Reichsstädte, Stuttgart 1912
Nickel, Dietmar: Die Revolution 1848/49 in Augsburg und Bayerisch-Schwaben, Augsburg 1965
Pfundner, Thomas: Kirchenführer Dreifaltigkeitskirche, Kaufbeuren 1980
Pörnbacher, Karl: Crescentia Höß von Kaufbeuren, Weißenhorn 1993
Reiser, Karl: Sagen, Gebräuche und Sprichwörter des Allgäus I, Kempten 1894
Römer, Gernot: Die grauen Busse in Schwaben, Augsburg 1986
Rössler, Susanne/Stütz, Gerhart: Neugablonz, Schwäbisch-Gmünd 1986
Rottenkolber, Josef: Geschichte des Allgäus im 19. Jahrhundert, Kempten und München 1938
Salm, Heinrich: Kirchenführer St. Martin, München 1982
Schmitt, Fritz: 700 Jahre Hospital zum Heiligen Geist in Kaufbeuren, Kaufbeuren 1949
Spindler, Max (Hrsg.): Handbuch der Bayerischen Geschichte I–IV, München[2] 1979–1987
Steichele, Anton v./Schröder, Alfred: Das Bistum Augsburg VI, Augsburg 1896–1904
Stieve, Felix: Die Reichsstadt Kaufbeuren und die baierische Restaurationspolitik, München 1870
Verwaltungsberichte der Stadt Kaufbeuren 1870–1877, 1888–1911 und 1921–1928
Weikmann, Meinrad: Ansatzpunkte und Voraussetzungen mittelalterlicher Städtegründungen (Deutsche Gaue 54), Kaufbeuren 1962
ders.: Die Kreisfreiheit der Stadt in Bayern (Deutsche Gaue 59/60), Kaufbeuren 1978
Weiss, Josef: Die Integration der Gemeinden in den modernen bayerischen Staat, München 1986
Wiebel, Richard: Kirchenführer St. Blasius, München[4] 1991
Zech, Robert: Das Stadtrecht von Kaufbeuren, Kempten 1951
Zitte, Rudolf: Die Geschichte der Gablonzer Schmuckindustrie, Kaufbeuren 1958
Zoepfl, Friedrich: Das bayerische Schwaben, Kempten 1949
Zorn, Wolfgang: Handels- und Industriegeschichte 1648–1870, Augsburg 1955

KAUFBEUREN

Kaufbeuren was founded in the course of the Franconian colonisation during the reign of Charlemagne. The little colonie developed under the Welfen, but above all under the Staufer into a town and reached to be directly placed under the Empire. By king Rudolph I it was given in 1286 generous privilegies, which initiated the rise of the city in the 15th century.
In this century, during which Kaufbeuren lived an economic and cultural prosperity, the citizens enlarged the town-wall with its fortified towers and made the imposant parish church of St. Martin's to be built. Also in this time a treasure of late gothic architecture, the church of St. Blasius, was built.
In 1545 the Reformation was executed. But as not all citizens wanted to confess the new doctrine the town rested confessionally divided.
At the Thirty-Years War Kaufbeuren souffered heavily from the changing fortune of war. From 3500 habitants who lived in Kaufbeuren before the war, rested only 800. Only very slowly the city recovered from these back-strokes. From 1741 to 1744 Crescentia Höß leaded the Franciscanian Convent at Kaufbeuren. Allready in her lifetime she had the reputation of a holy life, and after her death started a busy pilgrimage to Kaufbeuren.
In 1802 Kaufbeuren was integrated to Bavaria. Slowly improved the economic situation of the town, which was linked to the railway network in 1847. Already in the year 1839 the first mechanical mill and factury of cotton in the Allgäu was erected. After the second word war the refuges coming from Gablonz on Neiße in the Sudetenland settled down on the site of an ancient plant of munitions. They rebuilt their world-famous jewellery and glass industrie. Kaufbeuren doubled during the last decades its number of habitants and with the foundation of Neugablonz a completely new quarter with around 13 000 habitants was created. Today Kaufbeuren is the third greatest town in the Bavarian district of Swabia. The main event of Kaufbeuren is the Tänzelfest every year, at which 1600 children play in historical costumes the history of the city.

Captions in English

page	
89	First in the 19th century the tower of the Holy-Trinity-Church was built
90/91	The two lyons and the sitting man issue still from the Romanic predecessor church of St. Martin's
92	Since 1286 every Thursday: Market at Kaufbeuren
93	Although the privilege of market has been old and honorable, the offer is always a fresh one
94	Since 1753 the god Neptune has been dominating the Kaiser-Max-Straße
95	In 1543 the old town's pharmacy is documentarily mentioned for the first time
96	The Tanner's Tower – a characteristic sign of the former imperial town
98	A door in the town doesn't separate, it connects
99	A idyllic place: Unter dem Berg
102	The monastery Irsee is now giving shelter to the swabian centre of science and education
106	Seen from outside the choir and the hall of St. Blaise's take a modest and harmonious effect
107	The altar in St. Blaise's is a master-piece made by Jörg Lederer
110	Built in the late medeval flourishing time, the parish church of St. Martin's gives inside and outside an imposant witness of the religiosity of Kaufbeuren
111	After the delicate restorations you can devine the force of the gothic room
114	Today the chapel of St. Dominicus is a memorial place
115	The chapel of St. Cosmas and Damian, the baroque treasure of Kaufbeuren, is today the garnison church of the german air force
118	The interior of the Trinity Church was created only at the beginning of the 20th century
119	The cemetery church of the Holy Cross was built in 1825/26 and restorated only a few years ago
122/123	The Town-Hall in the Kaiser-Max-Straße is situated on the same place like its gothic predecessor
126	The pupils of the Prince Regent's School will remember its clock and tower for a long time
127	The puppet theatre at Kaufbeuren fascinates children as well as adults
130	The Momm-Villa symbolizes the economic progress during the promotion period
131	In spite of the great pattern the small temple is a noninterchangeable part of Kaufbeuren
134	After being incorporated to Kaufbeuren the village Oberbeuren and its St. Diony's Church have conserved their caracter
135	Once and now St. Thomas' church in Hirschzell is the centre of the village
138	The pieta by Hans Kels the Older is one of many treasures at the Stadtmuseum of Kaufbeuren
139	The great events of the German Protestantism – here the Assembly of the Holy Roman Empire of Augsburg in 1530 – were favourite motifs of the Protestant glass-painting in Kaufbeuren
142/143	Kaufbeuren seen from the east: A view, often copied until the 19th century, then was forgotten
146	Kaufbeuren awaking for a new day – the Münzhalde
147	A view from the south to the town
150	The new purification plant of the town is a model for the whole Bavarian state
151	For the old town the bicycle is an appropriated vehicle of circulation
154	Since 1847 Kaufbeuren has been integrated into the railway network
155	Brooks in a city have their own fascination and the mill-brook of Kaufbeuren shows it
158	In the summer time you can go sailing, in the winter time you can go skating. – The Bärensee takes an important part for Kaufbeuren's leisures
159	The "Kaiserweiher" (the pool of emperor) beside the route to Kleinkemnat
162	The Tänzelfest is the culminating point in the course of the year
163	Knights, mercenaries, jugglers, people swallowing fire – at the "life at camp" of the Tänzelfest the town belongs to all of them
166/167	Every year the children are the most important at the "Tänzelfest"
170	The Roman Tower dating from the Middle Ages in Großkemnat – the rest of a pride castle
171	A view at St. Stephan's in Kleinkemnat
175	The view from St. Blaise's over the town is considered as one of the most beautyful

Captions in English

page	
7	The little Toll-House is the rest of the former town gate
10	The Fünfknopfturm (in a translation word by word: Fivebuttontower) – the distinctive sign of Kaufbeuren
11	On the Tänzelfest-fountain the legendary founder of the town, Anna vom Hof, is represented
14	The old imperial route ran in former times through the Schmiedgasse (Smith's lane)
15	"Time is life and life is time" (German proverb)
18	In the Ludwigstraße
19	For the old town the bicycle is an appropriated vehicle of circulation
22	In the parish lane
23	The new parish centre is situated at the Baumgarten
26	The name of the Sywollen-tower issues from the Middle High German word "sinwel" (= round)
27	The town's centre of traffic: Crossing at the Spittel-mill
30	In this hall of the town Kaufbeuren celebrates its festivals since almost 100 years
31	The beer-garden – a favourite meeting point
34	The individual charme of the modern purpose architecture: The Parking-Building in the North
35	This is not a middle-aged fortress but a prison dating from the 19th century – today in commen speech called "Café Square"
38	The war memorial: generally only known as the "Naked Man"
39	A proof of living and building in former times
42	The new annex of the Town Hall is modern, but not preponderating
43	Hospitality at the "blue hour" – even here Kaufbeuren takes its orientation more on the South of Europe
46/47	Kaiser-Max-Straße: Since 700 years the market of the Staufer has been conserving its function as an urban centre
50	A Renaissance portal in the Kaiser-Max-Straße with a timeless inscripture: Da Pacem Domine (Give peace our Lord)
51	The long theatre tradition continues at the civic theatre
54	The vessel Market – decorated for the Tänzelfest
55	Soon the rush hour will begin at the "Plärrer"
58	The relief in the bay is pointing at the ancient Kemptnertor formerly opposite to the church of St. Blaise
59	In the bird's-eye view you can recognize very well the run of the wall from St. Blaise's to the little Toll-House
62	The fortified tower at the North-West corner of the town wall is often taken for the steeple of St. Blaise's
63	Breweries had been at all times an important factor of economy in Kaufbeuren
66	Between St. Blaise's and the "Tower of five buttons" the town wall has been conserved in the best possible condition
67	Coming from the church of St. Blaise on the way to the city
70/71	The fountain of Rüdiger and the Sacred Heart Church at Neugablonz are symbols having roots in the past
74	Today we can only have an idea of the fact that Neugablonz has been founded on the site of a former munition's plant
75	The Refugee Monument was created by Hanne Wondrak, sculptor of Neugablonz
78	Every Saturday there is market at Neugablonz
79	In the summertime the open air swimming-pool of Neugablonz is a meeting for the whole region
81	On the site of the actual Crescentia-Convent stood the imperial franconian farm – the germ cell of Kaufbeuren
82	The painted cloister of the Franciscan Convent was executed by the order of Crescentia, beatified later on
83	The veneration of the beatified Crescentia has an unbroken tradition till today
84	The garden behind the Crescentia Convent
85	There are many picturesque places in the old town like here at the "Breiten Bach" (broad brook)
86	Town Hall, St. Martin's, Trinity Church – the inner triangle of Kaufbeuren
87	The steeple of St. Martin's was erected before the construction of the nave; this may be the reason why it had been finished still in Gothic time
88	The Trinity Church has been symbolizing still today the force of the protestant patricians

Legendes en Français

page

88 L'Eglise de la Ste. Trinité symbolise encore aujourd'hui la force du Patriciat luthérien
89 Ce ne fut qu'au 19e siècle qu'on construisit le clocher de l'Eglise de la Ste. Trinité
90/91 Les deux lions et l'homme assis datent de l'église précédant celle de St. Martin
92 Depuis 1286 chaque jeudi: le marché à Kaufbeuren
93 Quoique le droit du marché soit vieux et honorable, l'offre du marché cependant est toujours fraîche
94 Depuis 1753, le Dieu Neptune règne sur la Kaiser-Max-Straße (= Boulevard de l'Empéreur Maximilien)
95 En l'an 1543, la Stadtapotheke (= Pharmacie de la ville) est mentionnée par titre authentique pour la première fois
98 Une porte à la ville ne sépare pas, mais elle unit
96 Le Gerberturm (= Tour des tanneurs) – un signe marquant de l'ancienne ville libre d'Empire
99 Une idylle: «Unter dem Berg» (= «Au pied du mont»)
102 Le couvent d'Irsee héberge aujourd'hui le Schwäbisches Bildungszentrum (= Centre d'Education de la Suabe)
103 Les armoiries à l'encorbellement de la vieille «Irseer Haus» dans la Ludwigstraße témoignent toujours de son importance
106 Vus de dehors, le chœur et le hall de St. Blaise paraissent simples et harmonieux
107 L'autel de St. Blaise est un chef-d'œuvre de Jörg Lederer
110 L'Eglise paroissiale St. Martin, bâtie à l'époque de floraison du Bas Moyen-Age, porte témoignage de la réligiosité des citoyens – à l'intérieur comme à extérieur
111 Après des restaurations délicatement faites, on peut deviner la force de l'espace gothique
114 L'Eglise St. Dominique est aujourd'hui un lieu commémoratif
115 L'Eglise Sts Cosme et Damien, le trésor baroque de Kaufbeuren est aujourd'hui l'église de garnison de la Bundeswehr
118 L'intérieur de l'Eglise de la Sainte Trinité ne fut réalisé qu'au 20e siècle
119 L'Eglise de cimetière Sainte Croix fut construite de 1825 à 1826 et fut restaurée il y a peu de temps
122/123 L'Hotel de Ville dans la Kaiser-Max-Straße est situé sur le même endroit que son précédesseur gotique
126 C'est l'horloge et la tour de la Prinzregentenschule (= Ecole du Prince Regent) que les élèves se rappellent volontiers
127 Le Théâtre des Marionnettes à Kaufbeuren sait tireer enfants et adultes sous son charme
130 La Villa «Momm» représente l'élan économique pendant les années de Fondation
131 Malgré du grand modèle le petit temple dans le Jordan-Park est une partie significante de Kaufbeuren
134 Oberbeuren avec son Eglise St. Dionysos a su garder son caractère – même après son incorporation à Kaufbeuren
135 Autrefois comme aujourd'hui le centre du village: St. Thomas à Hirschzell
138 La pieta par Hans Kels le Vieux est un objet précieux parmi beaucoup d'autres au musée municipal à Kaufbeuren
139 Les grand évènements du protestantisme allemand – ici la Diète de l'Empire à Augsburg en 1530 – ont souvent été des motifs recherchés en peinture sur verre à Kaufbeuren
142/143 Kaufbeuren vu de l'est: c'est une vue qui a été souvant figurée jusqu'en 19e siècle, mais qui est tombée ensuite dans l'oubli
146 Kaufbeuren s'éveille pour une nouvelle journée: à la Münzhalde (= halde de la monnaie)
147 Vue du sud sur la ville
150 La nouvelle installation de clarification passe pour modèle pour toute la Bavière
151 La meilleure façon de connaître Kaufbeuren est d'y aller en vélo
154 Depuis 1847 Kaufbeuren est embranché au réseau du chemin de fer
155 Les rivières ouvertes de ville possèdent leur propre charme; le Mühlbach n'en fait fait pas d'exeption
158 Faire de la voile en été, patiner en hiver – le Bärensee est important pour les temps des loisirs à Kaufbeuren
159 Au bord du Kaiserweiher (= Etang de l'Empéreur) sur le chemin menant à Kleinkemnat
162 La Tänzelfest est le point culminant au cours de l'année à Kaufbeuren
163 Chevaliers, lansquenets, bateleurs, ignivorees – lors du Lagerleben (= la vie aux camps) toute la ville est à eux
166/167 Chaque année, à l'occasion de la Tänzelfest, les enfants jouént le rôle principal à la ville
170 Le Römerturm (= tour romaine) datant du Moyen-Age – le reste d'un château-fort fier
171 Vue sur l'Eglise de St. Stephane à Kleinkemnat
175 La vue de St. Blaise sur la ville est estimée pour une des plus belles

page	
7	Le Zollhäuschen (= Maisonnette de l'octroi) est le reste de l'ancien Kemptner Tor (= Porte de Kempten)
10	Le Fünfknopfturm (= Tour des cinq boutons) – symbole de Kaufbeuren
11	La fondatrice légendaire de la ville, Anne de la ferme, est représentée au Tänzelfestbrunnen (= fontaine de la Tänzelfest)
14	C'est par la Schmiedgasse (= ruelle du forgeron) que passa autrefois l'ancienne route de l'Empire. – Aujourd'hui elle est zone piétonne de la vielle ville
15	«Le temps est la vie et la vie est le temps» (proverbe allemand)
18	Dans la Ludwigstraße
19	Pour la vieille ville de Kaufbeuren, la bicyclette est un approprié moyen de transport
22	Dans la Pfarrgasse (= ruelle de la paroisse)
23	Le nouveau centre paroissial est situé dans le Baumgarten (= Jardin des arbres)
26	Le nom du Sywollenturm tire son origine du mot moyen haut allemand «simwel» = rond
27	Le noeud de la circulation à la ville: le Spittelmühlkreuzung (= le carrefour du Moulin Spittel)
30	Depuis presque 100 ans Kaufbeuren célèbre ses fêtes au Stadtsaal (= Salle de la ville)
31	Le Biergarten (= jardin de bière) – un rencontre bien-aimé
34	Le charme spécial d'une architecture à utilitité: le Parkhaus Nord (= Parking Nord)
35	Ce n'est pas une forteresse moyenâgeuse, mais un bâtiment de prison du 19e siècle. Dans la bouche du peuple, il est nommé «Café Quadrat»
38	Le monument de la guerre – en général seulement connu sous le nom «Nackter Mann» (= «Homme nu»)
39	La situation ancienne de l'habitation et de construction témoignée sur le Ringweg
42	Le nouveau bâtiment supplémentaire de l'Hotel de Ville est moderne, mais ne domine
43	L'hospitalité à «l'heure bleue»: Kaufbeuren s'oriente ici également vers le sud de l'Europe
46/47	La Kaiser-Max-Straße: Depuis plus de 700 ans le marché des Hohenstaufen prend sa fonction comme centre urbain
50	Un portail en style renaissance dans la Kaiser-Max-Straße porte une inscripture intemporelle: «Da Pacem domine» (= «Donnez la paix, seigneur»)
51	Au Stadttheater (= Théâtre municipal) de Kaufbeuren, la longue tradition du théâtre est continuée
54	Le Hafenmarkt (= marché aux vaisselles), décoré pour la Tänzelfest
55	Bientôt également au Plärrer une circulation hectique va commencer.
58	Le relief de l'encorbellement montre l'ancien Kemptner Tor (= Porte de Kempten) situé autrefois vis-à-vis
59	Levé au vol d'oiseau, on peut nettement distinguer le cours des remparts de l'Eglise de St. Blaise jusqu'à la maisonnette de l'octroi
62	Le donjon du coté nord-ouest des remparts est souvent pris pour le clocher de St. Blaise
63	Depuis toujours, les brasseries à Kaufbeuren représentaient un facteur économique imposant
66	Entre l'Eglise de St. Blaise et le Fünfknopfturm (= tour des cinq boutons), les remparts sont les meilleurs entretenus
67	Le chemin de l'Eglise St. Blaise menant au centre ville
70/71	Le Rüdigerbrunnen (= la Fontaine de Rüdiger) et la Herz-Jesu-Kirche (= l'Eglise du Cœur de Jésus) sont des symbôles ayant leur racines dans le passé.
74	Le fait que Neugablonz a été retabli sur le terrain d'une ancienne usine de munitions peut seulement être vaguement ressenti aujourd'hui
75	Le Monument aux Réfugiés est dû à Hanne Wondrak, femme sculpteur à Neugablonz
78	Tous les samedis, le marché a lieu a Neugablonz
79	En été, la piscine de Neugablonz est un rencontre de toute la région
81	Sur la place du Crescentiakloster (= le couvent de Crescentia) se trouvait la ferme impériale Franque, la cellule-mère de Kaufbeuren
82	Le cloître peint au Couvent des Franciscaines fut réalisé sur l'ordre de la bienheureuse Crescentia
83	La vénération de la Crescentia bienheureuse se rejouit d'une tradition permanente jusqu'à nos jours
84	Le jardin derrière le Couvent de Crescentia
85	Comme ici «Am Breiten Bach» (= au bord de la rivière large) il y a beaucoup de jolis coins dans la vielle ville
86	L'Hotel de Ville, l'Eglise St. Martin, l'Eglise de la Ste. Trinité – un triangle intérieur de Kaufbeuren
87	Le clocher de St. Martin fut érigée avant la construction de la nef, c'est peut être pourquoi elle fut achevée encore à l'époque gothique

KAUFBEUREN

La ville de Kaufbeuren fut fondée au cours de la colonisation Franque pendant le règne de Charlemagne. La petite colonie se développa à une ville sous les Welfen, mais surtout sous les Hohenstaufen et elle arriva à être soumise à l'autorité immédiate de l'Empire. En 1286, la ville reçut, de la part du Roi Rudolphe I., des privilèges généreuses, qui lancèrent l'élan au 15e siècle. Pendant ce siècle, au cours duquel Kaufbeuren vécut une grande floraison économique et culturelle, les citoyens élargirent les remparts par des tours de défense et firent ériger l'imposante église paroissiale St. Martin. De même fut créé, à cette époque, un joyau de l'art gothique flamboyant, l'Eglise de St. Blaise.
En 1545, la Réforme fut effectuée à Kaufbeuren. Mais puisque ce ne furent pas tous les citoyens, qui voulaient se confesser à la nouvelle doctrine, la ville resta divisée sur le plan confessionnel. Pendant la Guerre de Trente Ans Kaufbeuren souffrit grièvement de la changeante fortune des armes. Des 3500 habitants vivant avant la guerre en restèrent seulement 800. Ce ne fut que très lentement que la ville se remetta de ces contrecoups. De 1741 à 1744 Crescentia Höß dirigea le Couvent des Franciscaines à Kaufbeuren. De son vivant elle eut la réputation de mener une vie sainte, et après sa mort un intense pèlerinage en direction de Kaufbeuren commença.
En 1802 Kaufbeuren fut intégré à la Bavière. Lentement la situation de la ville s'améliora; Kaufbeuren fut embranché au réseau de chemins de fer en 1847. Déja en 1839 la première usine mécanique de filature et de tissage du coton fut construite. Après la 2e Guerre Mondiale des réfugiés Sudètes venant de Gablonz sur Neiße s'établirent sur le terrain d'une ancienne usine de munitions près de Kaufbeuren. Ils reconstruisèrent ici leur industrie de bijouterie et de verre connue dans le monde entier. Pendant les dernières décennies, Kaufbeuren redoubla le nombre de ses habitants, et avec la fondation de Neugablonz un quartier tout neuf se forma, comptant environ 13 000 habitants. Aujourd'hui, Kaufbeuren est la troisième plus grande ville du département bavarois de la Souabe. L' évènement principal est la Tänzelfest fêtée chaque année, lors de laquelle plus de 1600 enfants jouent, portant des costumes historiques, l'histoire de la ville.

KAUFBEUREN

Kaufbeuren viene fondata durante la colonizzazione dei franchi mentre regnava Carlo Magno.
La piccola colonia si sviluppa bene sotto i Guelfi e sopratutto sotto i Staufer. Allora la città ottenne il privileggio di dipendere soltanto dal impero.
Nel anno 1286 Re Rodolfo I. cede generosi privilegi i quali danno inizio allo sviluppo durante il 15. secolo.
In questo seccolo Kaufbeuren vede una grande fioritura economica e culturale. I cittadini costruiscono la muraglia della città e le torre di difesa e anche l'imponente chiesa parocchiale S. Martino.
In questo tempo nasce anche un gioello del architettura tardi gotico, la chiesa S. Biagio.
Nel anno 1545 Kaufbeuren viene riformata. Non tutti i cittadini convertono alla nuova religione, la popolazione rimane divisa.
Durante la guerra di 30 anni Kaufbeuren soffre moltissimo sotto i vari cambiamenti di guerra. Prima della guerra vi erano 3500 abitanti dopo rimasero soltanto 800.
Kaufbeuren si riprende molto lentamente dopo questi contracolpi.
Crescenzia (Anna Höß) dirige il convento delle francescane dal 1741 fino a 1744. Già in vita lei aveva la fama di essere una santa. Dopo la sua morte molti pellegrini vengono alla sua tomba a Kaufbeuren.
Nel 1802 Kaufbeuren diventa bavarese.
Già nel 1839 venne fondata qui la prima tessitura di cottone meccanica del Allgäu.
Dopo la seconda guerra mondiale tedeschi sudeti espulsi dal distretto di Gablonz, in Bohemia del nord, si stabiliscono nella precedente fabrica di munizione vicino a Kaufbeuren.
Qui ricostruiscono la loro industria di bigiotteria, goielleria e vetro, famoso in tutto il mondo.
Nelle ultime decine di anni Kaufbeuren radoppia i sui abitanti e con Neugablonz nasce un nuovo quartiere con 13 000 abitanti. Oggi Kaufbeuren è la terza città nella regione Schwaben.
Il punto culminante a Kaufbeuren è ogni anno il Tänzelfest. 1600 bambini in costumi storici rappresentanto la storia della sua cittá.

Titoli delle immagini in lingua italiana

Titoli delle immagini in lingua italiana

Magyar nyelvü szöveg a képekhez

Oldalszám	
92	1286 óta minden csütörtökön piac van Kaufbeurenben
93	Bár a vásári jog régi, az ajánlat mindig a legfrissebb
94	1753 óta uralkodik Neptun a Kaiser-Max utcában
95	Okiratban 1543-ban emlitik meg először a városi patikát
96	A Gerber (cserzö) torony markáns jele a valamikori szabad birodalmi városnak
98	Egy kapu a városban nem elválaszt, hanem összeköt
99	Idill a „hegy alatt"
102	Az Irsee-i kolostor am a Sváb Művelődési Akadémiának ad helyet
103	A cimer a régi Irsee-i házon a Ludwig utcában az épület valamikor fontosságát bizonyitja
106	A Szent Blasius templom karzata és csarnoka kivülröl egyszerünek és harmonikusnak látszik
107	A Szent Blasius templom oltára Jörg Lederer mestermunkája
110	A késői középkor virágkorában épült Szent Márton plébániatemplom kivül és belül is bizonyitéka a polgárok vallásosságának
111	Az elővigyázatos felújitási munkák után érezhetö a gótikus épület varázsereje
114	A Szent Dominikus templom ma emlékhely
115	A Szent Cosmas és Damian templom – barokk gyöngyszeme Kaufbeurennek – ma a katonai állomáshely, a fegyveres erők temploma
118	A Szentháromság templom belső terét csak a XX. század elején alakitották ki
122/123	A Városháza a Ludwig utcában gótikus elődje helyén áll
126	A Prinzregenten (Regensherceg) iskola tornyára és órájára sokáig fognak emlékezni a diákok
127	A bábszinház Kaufbeurenben gyerekeket és felnőtteket egyaránt vonzáskörébe kerit
130	A Momm-Villa az alapitó idők gazdasági fellendülésére emlékeztet
131	Eltéveszthetetlen a kis pavilon a Jordan Parkban
134	Oberbeuren beolvadása a városba nem változtatta meg a település arculatát a Szent Dionysos templommal
135	Egykor és ma: a falu központja a Szent Tamás templom Hirschzellben
138	Id. Hans Kels Siratócsoportja egyike a sok értékességnek a Városi Múzeumban
139	A német protesztantizmus nagy eseményei – itt a Birodalmi Gyülés 1530-ban Augsburgban – kedvelt motivumok voltak az evangélikus üvegfestészetben Kaufbeurenben
142/143	Kaufbeuren keletröl nézve, a XIX. századig gyakran lett megmintázva, de közben feledésbé merült ez kilátás
146	Új napra ébred Kaufbeuren a „Münzhalde"-ban
147	Egy pillantás délről a városra
150	A város új szennyvíztisztítója modellként szolgál egész Bajorországban
151	Kaufbeuren környékét legjobban kerékpárral lehet megismerni
154	1847 óta kapcsolódik Kaufbeuren a vasúti hálózathoz
155	A nyitott városi patakoknak már mindig különleges bájuk volt, ez alól a kaufbeureni Mühlbach (Malom patak) sem kivétel
158	Nyáron vitorlázásra, télen korcsolyázásra invitál a Bären-tó
159	A Kaiser-tó mellett, Kleinkemnat felé
162	Az év fénypontja a „Tänzelfest"
163	Lovagok, zsoldosok, mutatványosok, tűznyelők – a „Tänzelfest"-hez tartozó tábori életben ők uralják a várost
166/167	Minden évben a gyerekek állnak a „Tänzelfest" ideje alatt a város középpontjában
170	Egy büszke középkori vár maradványa a Római-torony Großkemnatban
171	Egy pillantás a Szent István templomra Kleinkemnatban
175	A város egyik legszebb látképe a Szent Blasius templom tornyából

Magyar nyelvü szöveg a képekhez

Oldalszám	
7	A vámház a valamikori Kempteni kapu maradványa
10	Az „Ötgombos”-torony – Kaufbeuren ismertetőjele
11	A „Tänzelfest”-kúton Anna vom Hof – a város mondabeli alapitója – látható
14	A Schmied utcán keresztül vezetett a régi birodalmi út, ma az óváros sétálóutcája
15	„Az idö élet, az élet idö” (német közmondás)
18	A Ludwig utcában
19	Kaufbeuren óvárosában a kerékpár bevált közlekedőeszköz
22	A Pfarr utcában
23	Az új plébánia központ a Baumgarten közelében van
26	A „Sywollen”-torony neve a középfelnémet (sinwel = kerek) szóból származik
27	A város közlekedési csomópontja a Spittelmühl-kereszteződés
30	A városi teremben rendezi Kaufbeuren csaknem 100 éve az ünnepélyeit
31	Közkedvelt találkozóhely a sörkert
34	A modern építési forma példája az „Északi Parkolóház”
35	Nem középkori eröditmény, hanem a XIX. században épitett börtön – ma a köznyelv „Négyszög kávéház”-nak nevezi
38	A hősi emlékmü – általában csak mint „Meztelen ember” ismert
39	Korábbi idök lakó- és épitési viszonyairól tanuskodnak a Ring út épületei
42	A Városház új szárnya a „Graben”-en modern, de nem domináns
43	Vendéglátás – ebben az esetben Kaufbeuren Dél-Európáról vesz példát
46/47	A Kaiser-Max utca – több mint 700 éve a város központja
50	Reneszánszportál a Kaiser-Max utcában időálló felirattal: Da Pacem Domine (Adjál Uram békét)
51	A hosszú szinházélet hagyománya Kaufbeuren városi szinházában folytatódik
54	A Hafenmarkt a „Tänzelfest” ünnepi diszében
55	Hamarosan a „Plärrer”-en is megindul a nagy forgalom
58	A relief az erkélyen a valamikor szembenálló Kempteni kapura emlékeztet
59	Madártávlatból jól látható a városfal a Szent Blasius templomtól a vámházig
62	A lőtornyot a városfal észak-nyugati sarkán gyakran a Szent Blasius templom tornyának tartják
63	A városfal legjobban fennmaradt része a Szent Blasius templom és az „Ötgombos”-torony között található
67	A Szent Blasius templomtól a belváros felé
70/71	A múlt szimbólumai Neugablonzban a Rüdiger-kút és a Jézus Szive templom
74	A néhai lőszergyár helyén már csak sejteni lehet Neugablonz alapitásának kezdetét
75	Az elűzöttek emlékműve a neugablonzi szobrásznő, Hanne Wondrak műve
78	Minden szombaton piac van Neugablonzban
79	A környék közkedvelt találkozóhelye nyáron a neugablonzi strandfürdő
81	A Crescentia-Kolostor helyén állt a frankóniai major, Kaufbeuren csirája
82	A festett keresztfolyosó a ferencesrendi női kolostorban Boldog Crescentia kérésére lett kivitelezve
83	Boldog Crescentia tiszteletének a mai napig töretlen a hagyománya
84	A Crescentia-Kolostor mögötti kert
85	Az óvárosban sok ilyen kedves zug található, mint a Breiten Bach (Széles patak) mentén
86	A Városháza, a Szent Márton és a Szentháromság templomok alkotják Kaufbeuren belsö háromszögét
87	A Szent Márton templom tornya még a templomhajó épitése elött lett befejezve, ezzel magyarázható gótikus stílusa
88	A Szentháromság templom még ma is a protestáns összetartás erejét képviseli
89	A Szentháromság templom tornyát csak a XIX. században épitették
90/91	A két oroszlán és az ülő férfialak a Szentháromság templom román stílusu elődjéből származik

KAUFBEUREN

Kaufbeurent a frankóniai betelepítés folyamán Nagy Károly uralkodása alatt alapították. A kis település a Welfek (német hercegség), de mindenek előtt a Stauferek (sváb hercegi nemzetség) ideje alatt virágzott fel és kapta meg a szabad birodalmi város címet.
I. Rudolf király 1826-ban nagyvonalú kiváltságokat biztosított, ami a város fellendülését a XV. században megindította.
Ebben a században, melyben Kaufbeuren nagyszerű gazdasági és kulturális virágkorát élte, építették ki a polgárok a városfalat, a lőtornyokat és a tekintélyt követelő Szent Márton plébániatemplomot. Ugyanebben az időszakban épült a későgótikus építészet gyöngyszemeként a Szent Blasius templom.
A 30 éves háborúban a váltakozó hadiszerencse alatt sokat szenvedett a város. A háború előtti 3.500 lakosból 800-an maradtak. Csak nagyon lassan tért magához Kaufbeuren. 1741–44-ig Crescentia Höß irányította a ferencesrendi női kolostort. Már életében szentnek tartották és halála után sokan zarándokoltak Kaufbeurenbe.
1802-ben került Kaufbeuren bajor uralom alá. Lassan javult a város gazdasági helyzete. 1847-ben csatolják a vasúti hálózathoz. 1839-ben kezdi meg munkáját Allgäu első mechanikus pamutfonó és szövőműhelye.
A II. világháború után a valamikori lőszergyár helyén Kaufbeuren közelében telepedtek le a Szudéta-vidék Gablonz városából elűzöttek. Itt építették fel világhírű ékszer- és üvegiparukat. Az utóbbi évtizedekben megduplázódott Kaufbeuren lakossága, Neugablonz egy teljesen új városrészt alkot 13.000 lakossal. Ma Kaufbeuren nagyságrendben a harmadik helyen áll a Bajor Tartományhoz tartozó sváb közigazgatási területen.
Az évente megrendezésre kerülő „Tänzelfest" az év fénypontja, mikor több mint 1.600 gyerek történelmi jelmezben mutatja be a város történetét.